Liederkunde zum Evangelischen Gesangbuch

Im Auftrag der Evangelischen Kirche in Deutschland

gemeinschaftlich mit
Ansgar Franz, Gerhard Hahn, Barbara Lange,
Helmut Lauterwasser, Bernhard Leube, Andreas Marti
und Bernhard Schmidt

herausgegeben von

Ilsabe Alpermann und Martin Evang

Ausgabe in Einzelheften

Heft 22

Vandenhoeck & Ruprecht
in Göttingen

Verzeichnis der Mitarbeiterinnen und Mitarbeiter

Ackermann, Andrea (s. Heft 20): EG 377 * *Axmacher, Dr. Elke* (s. Heft 2): EG 233 T, * *Franz, Dr. Ansgar*, Professor für Liturgiewissenschaft an der Universität Mainz, Bingen: EG 331 T * *Herbst, Dr. Wolfgang* (s. Heft 15): EG 224 * *Jahn, Christine*, Theologin und Kirchenmusikerin, Referentin für Liturgie und Religiöse Strömungen im Amt der VELKD, Hannover: EG 369 * *Klek, Dr. Konrad* (s. Heft 21): EG 402, 535 * *Lauterwasser, Dr. Helmut* (s. Heft 17): EG 219 M, 233 M * *Lorbeer, Dr. Lukas*, Pfarrer, Maulbronn-Zaisersweiher: EG 525 * *Marti, Andreas* (s. Heft 7/8): EG 211, EG 331 M * *Mawick, Gudrun*, Pfarrerin und Kommunikationswirtin, Dozentin am Institut für Aus-, Fort- und Weiterbildung der Evangelischen Kirche von Westfalen, Schwerte/Villigst: EG 171 * *Meier, Dr. Siegfried* (s. Heft 20): EG 359 * *Monninger, Dorothea* (s. Heft 2): Redaktion * *Reich, Dr. Christa* (s. Heft 1): EG 246 * *Schäfer, Dr. Christiane* (s. Heft 14): Hymnologische Nachweise * *Schmidt, Dr. Bernhard* (s. Heft 8): EG 219 T * *Schmidt, Thomas*, Kirchenmusikdirektor und Kapellmeister, Neuwied: EG 338 * *Stalmann, Dr. Joachim* (s. Heft 1): EG 500, 501 * *Stefan, Dr. Hans-Jürg* (s. Heft 4): EG 271 * *Wissemann-Garbe, Dr. Daniela* (s. Heft 15): Hymnologische Nachweise

Bibliografische Information der Deutschen Nationalbibliothek
Die Deutsche Nationalbibliothek verzeichnet diese Publikation in der Deutschen Nationalbibliografie; detaillierte bibliografische Daten sind im Internet über http://dnb.d-nb.de abrufbar.

ISBN 978-3-525-50345-4

Weitere Ausgaben und Online-Angebote sind erhältlich unter: www.v-r.de

Satz: Satzspiegel, Nörten-Hardenberg
Druck und Bindung: ⊕ Hubert & Co. GmbH & Co. KG, Robert-Bosch-Breite 6, D-37079 Göttingen

Gedruckt auf alterungsbeständigem Papier.

171 Bewahre uns, Gott, behüte uns, Gott

EG 171ö GL2 453ö RG 346ö CG 496(ö) EM 488ö

Text

Verfasser Eugen Eckert **Entstehung** 1984, zuerst veröffentlicht auf der LP/MC „Wasserspiegel" der Band HABAKUK (1985) **Vorlagen** freie, eigenständige Dichtung, inspiriert durch das argentinische *La paz del Señor* von Anders Ruuth **Quelle** *„Aus dem Tod wächst Leben". Neue geistliche Lieder für die Fasten- und Osterzeit*, Limburg 1987 **Strophenbau** A5/2a A5/2a A8/4b- [2mal:] A5/2c A5/2c A8/4b- **Abweichungen** 3,4 Sei *Willen und* Kraft * RG und CG: 2,5 *dein* Angesicht; 3,4 Sei *Wille und* Kraft **Verbindung TM** wie EG

Melodie

Incipit -5 111 3b_3b 222 -7_ **Verfasser** Anders Ruuth **Entstehung** Melodie und spanischer Text entstanden um 1968 in Zusammenarbeit mit Studenten in Argentinien für den Friedensgruß in der Abendmahlsliturgie **Quelle** Cancionero Abierto, Buenos Aires 1984 **Ambitus** G: 9; Z: 6844b(44b) **Abweichungen** RG, EM: je mit 4st. Satz (RG: Torsten Hampel 1984, EM: Volker Schmidt 2001) **Verbindung MT** in der Q: *La paz del Señor* * *Bewahre uns, Gott* ... *Sei Kompass und Wind* (Eugen Eckert für den Kinderkirchentag Hamburg 1986) * *The peace of our God; La paix du Seigneur; Niech strzeze* (nach Colours of Grace, München 2006)

Literatur

HEG II, 83.269 mit Ergänzung in JLH 51 (2012) 251 ** ThustB, 177; ThustL I, 300f ** Meyer ([2]1997) 84 ** DECKERT, Peter/ QUAST, Thomas: Neue geistliche Lieder – vorgestellt. Winfried Heurich und Eugen Eckert, MS 111 (**1991**) 490– 498 * BUNNERS, Christian/ SCHMEEL, Dieter: Kleine Kantologie. Über neue Lieder im Evangelischen Gesangbuch. 6: „Bewahre uns, Gott", ZGP 15 (**1997**) 19f * EGERER **2002** * MERING, Klaus von: Bewahre uns, Gott, behüte uns, Gott: eine Liedpredigt über EG 171 mit Segenshandlung, in: Gottesdienstpraxis, Serie B: Segnung, Salbung, Heilung. Gottesdienstentwürfe, Predigten und liturgische Texte, Gütersloh **2010**, 125–130 * STEINEMANN, Manuela/ MARTI, Andreas: „Bewahre uns, Gott, behüte uns, Gott", MGD 65 (**2011**) 232–236 * WALTER, Meinrad: Sing, bet und geh auf Gottes Wegen. 40 neue und bekannte geistliche Lieder erschlossen, Freiburg **2013**, 153–156

1984 dichtete der damalige Frankfurter Sozialarbeiter und Musiker Eugen Eckert (*1954) seine deutsche Übertragung des spanischen Liedes *La paz del Señor*[1] (Der Friede des Herrn). Text und Melodie der Originalversion stammen

[1] *1. La paz del Señor, la paz del Señor, la paz del Resucitado. La paz del Señor a ti y a mí a todos alcanzará.// 2. La paz del Señor, ... Resucitado, se hace presente a hora ya quí apréstate recibirla.// 3. La paz del Señor, ... Resucitado, no puede vivir encerrada en sí, ompartirla.* (1. Der Friede des Herrn, der Friede des Herrn, der Friede des Auferstandenen. Er erreicht dich, mich und alle.// 2. Der

von Anders Ruuth. Der Schwede war als Theologieprofessor in Argentinien tätig und schrieb das dreistrophige Lied 1968[2] im Rahmen eines Liturgikseminars. Der Friede des Herrn ist das zentrale Motiv des Abendmahlsgesangs[3] von Ruuth, der in mehrere Sprachen übersetzt wurde.[4] *Bewahre uns, Gott, behüte uns, Gott* ist jedoch als eigenständige Dichtung und nicht als Übersetzung zu verstehen.[5] Vielmehr verändert Eckert bewusst die Ausrichtung des Textes hin zu einem ausgesprochenen Segenslied mit vier Strophen.[6]

Es ist ein sehr regelmäßig aufgebautes Segensgebet. Am Anfang jeder Strophe kehrt als Refrain die Bitte *Bewahre uns, Gott, behüte uns, Gott* wieder. Sie ist als Parallelismus formuliert. Beide Worte beinhalten den umfassenden Schutz Gottes. *Bewahre* betont dabei eher den Aspekt der Dauer und knüpft an frühere Gotteserfahrungen an: Ja, Gott, erhalte uns, trag uns durch die Zeiten, so wie Vorherige und wir selbst es von dir erfahren haben. Dagegen steht bei der Parallelbitte *behüte* eher das beschirmende Handeln Gottes im Vordergrund.

In den wechselnden Elementen der einzelnen Strophen formuliert Eckert nun unterschiedliche Bitten. Sie alle werden mit verschiedenen Bildern für Gott verbunden. Dabei erinnern sie an die „Ich-bin-Worte" Jesu: Quelle, Brot, Licht. Jeweils eingeleitet sind sie mit *sei* ... Um drei solcher „Seinsweisen" wird Gott in jeder Strophe gebeten. Hier gibt es ein wiederkehrendes Schema: Die Bitte nach *sei ... mit/in/um uns* wirkt wie eine Überschrift für die beiden parallelen Subjekte des zweiten Satzes. In ihnen kommt zum Ausdruck, in welcher Weise die Sänger und Beterinnen Gott in dieser Situation spüren möchten:

1. ... *sei mit uns auf unsern Wegen – Sei Quelle und Brot in Wüstennot* ...
2. ... *sei mit uns in allem Leiden – Voll Wärme und Licht im Angesicht* ...
3. ... *sei mit uns vor allem Bösen – Sei Hilfe, sei Kraft, die Frieden schafft* ...
4. ... *sei mit uns durch deinen Segen – Dein Heiliger Geist, der Leben verheißt* ...

Die erste und die letzte Strophe bilden mit der Bitte *sei um uns mit deinem Segen/ sei mit uns durch deinen Segen* den Rahmen.

Die Motive der ersten Strophe beziehen sich auf das biblische Grunderlebnis der Befreiung, den Exodus.[7] Hier sorgt Gott für Wasser und Brot während der

Friede des Herrn, ... des Auferstandenen, er ist hier und jetzt präsent; mach dich bereit, ihn zu empfangen.// 3. Der Friede des Herrn, ... er kann nicht in sich selbst eingeschlossen sein, mach dich bereit, ihn zu teilen.) Zit. nach Steinemann/Marti (http://www.rkv.ch/files/zeitschrift/115_marti_bewahre_uns_gott.pdf).

[2] Vgl. Brief von Anders Ruuth an Dorothea Monninger/EKD, eingegangen am 18.1.1991.

[3] Vgl. Brief von Anders Ruuth an Eugen Eckert vom 28.10.1986.

[4] Leicht zugänglich sind je eine englische, französische und polnische Übertragung in: Peter Bukowski u. a. (Hg.), Colours of Grace. Gesangbuch der Gemeinschaft Evangelischer Kirchen in Europa (GEKE), München 2006, 50f.

[5] Vgl. Brief Eugen Eckert an Klaus von Mering vom 9.6.2006.

[6] „Anfang der 80er Jahre erzählte Dieter Trautwein, der auch Mitglied im Gesangbuchausschuss war, bei einer unserer Tagungen, dass es für das entstehende neue Evangelische Gesangbuch noch Defizite in bestimmten Liedgattungen gebe. Dazu gehörte die Gattung der Segenslieder. Ich habe mir diesen Hinweis damals gut gemerkt" (Brief von Eugen Eckert an Klaus von Mering vom 9.6.2006).

Wüstenwanderung, rettet ganz elementar Leben – obwohl das Volk an seiner Macht zweifelt. Die zweite Strophe führt menschliches Leiden als Raum für Gottes Segenshandeln vor Augen. Ein Zitat aus dem Aaronitischen Segen prägt die zweite Strophe. *Der Herr lasse sein Angesicht leuchten über dir und sei dir gnädig* (4. Mose 6,25) ist hier aufgenommen und interpretiert: Eckert erweitert das biblische *leuchten* um den Aspekt der *Wärme.*

Die dritte Strophe überschreitet den Kontext von *Leiden* und *schweren Zeiten.* In ihr ist die Bitte aus dem Vaterunser *und erlöse uns von dem Bösen* aufgegriffen. Wenn die Kraft Gottes in Menschen wirksam ist, wird sein Friede sichtbar.

Die vierte Strophe kehrt die Reihenfolge der ersten Strophe um: Dort wurde zu Beginn um Gottes Begleitung auf den Wegen gebeten und am Ende um seinen Segen. Die vierte Strophe hingegen beginnt mit der Bitte um den Segen und endet mit der Bitte um Gottes Begleitung auf den Wegen. So erscheint das Motiv des Weges als Klammer des Liedes. Wer es singt, hält inne. Er unterbricht seinen Weg, bittet um die Kraft des Heiligen Geistes und möchte sie im Singen gleichzeitig erfahren. So gestärkt, können die Wege weiter beschritten werden.

Eckert sieht die Strophen seines Liedes den trinitarischen Personen der Gotteslehre zugeordnet. So betrachtet, wären die ersten beiden Strophen der Person des schöpferischen und nährenden Vaters zuzuweisen.[8] Die dritte Strophe bezieht sich auf den leidenden, sich hingebenden Sohn. Die Ausgießung des Heiligen Geistes mit der Verheißung erfüllten Lebens prägt die letzte Strophe.

Die Melodie ist volkstümlich und eingängig, dabei elegisch und doch hoffnungsfroh. So gehört zu dieser e-Moll-Weise im Dreivierteltakt eine gewisse Spannung.[9] Je nach dem gewählten Tempo drückt sie unterschiedliche Gemütslagen aus: Der Dreiertakt kann langsam und würdig Viertel für Viertel gestaltet werden. Dann kommen eher flehentliche und schwere Aspekte zum Ausdruck. Aber auch eine ganz- oder gar zweitaktige[10] Phrasierung im schnelleren Tempo wirkt stimmig für den Text. Das Lied gewinnt dann einen beschwingten Charakter und das Tänzerische der südamerikanischen Melodie kommt gut zum Ausdruck.

Die Melodie gliedert sich in zwei Teile. Nach einem zweimaligen Aufschwung aus der Unterquart erreicht sie am Ende der zweiten Zeile die Oktave. Dabei führt der Aufstieg überwiegend über die Akkordtöne; ein Dominantseptakkord am Ende der ersten Phrase erzeugt Spannung zur zweiten hin.[11] Die wird mit

[7] 2. Mose 15,24f; 2. Mose 16,15.

[8] So die Zuordnung von Eckert selbst (vgl. den Brief Eugen Eckerts an Klaus von Mering vom 9.6.2006).

[9] Vgl. Marti/Steinemann, 235: „Es ist die Diskrepanz zwischen unserem ... eher langsamen und irgendwie halt doch am traditionellen Kirchenlied ... orientierten Gesang und dem musikalischen Typus der Melodie, welcher erstens ein schnelles Tempo und zweitens einen speziellen Groove im Wechsel von Zwei- und Dreiteilung des jeweiligen Taktes impliziert."

[10] Vgl. ThustL I, 300. Thust deutet die „leichtere", nachschlagende Halbnote am Ende des ersten Teiles als Beleg dafür, „dass der Schwerpunkt nur in jedem zweiten Takt liegt, sich der Grundimpuls also eher an einem etwas fließenderen 6/4-Takt orientiert."

[11] Vgl. Marti/Steinemann, 234.

ihrem langen Ende auf der fünften Stufe nicht aufgelöst, sondern leitet zum zweiten Teil über. An dessen Beginn erreicht die Melodie ihren höchsten Ton, mit dem die Kernbegriffe der einzelnen Strophen *Quelle*, *Wärme*, *Hilfe*, *Heiliger Geist* besonders betont sind.[12] Im zu wiederholenden[13] zweiten Teil verläuft die Melodie entgegengesetzt zum ersten: erst absteigend in den beiden ersten Phrasen führt sie schließlich über den Leitton auf den Grundton.

Dieses gleichermaßen schlichte und gehaltvolle Lied bringt die Bitte um göttlichen Beistand zum Ausdruck. Sie bezieht sich besonders auf die als „Wüstenzeiten" empfundenen Phasen des Lebensweges. Doch *Bewahre uns, Gott, behüte uns, Gott* bleibt in der Verbundenheit von Text und Melodie bei dem bittenden Charakter nicht stehen; mit seiner zuversichtlichen Ausstrahlung trägt der Gesang das Vertrauen bereits in sich, dass Gott mit bzw. in denen ist, die ihn anstimmen. Dies ist das Kennzeichen eines gelungenen Segensliedes: „Indem es gesungen wird, breitet sich Frieden aus. Die Zukunft des mitgehenden Gottes wird zur Erfahrung gebracht."[14]

So eignet sich *Bewahre uns, Gott, behüte uns, Gott* für Gottesdienste in verschiedenen Gestalten: traditionell, meditativ, generationenübergreifend, festlich, intim ... Auch bei allen alten und neuen Kasualien kann es erklingen: Taufe, Gottesdienste zu verschiedenen schulischen Abschnitten, Konfirmation, Trauung/Segnung, Einführung, Verabschiedung – bis hin zur Trauerfeier.

GUDRUN MAWICK

[12] Vgl. ThustL I, 300.

[13] Bunners schlägt vor, das Lied zwischen Vorsänger/in und Gemeinde aufzuteilen. Dann würde die Gemeinde lediglich in die Wiederholung des zweiten Teiles einstimmen. So bräuchte sie kein Liederbuch. Vgl. Bunners/Schmeel, 20.

[14] AaO., 18.

211 Gott, der du alles Leben schufst

EG 211 RG 184+ KG 6+ CG 739+ EM 517

Text

Verfasser Detlev Block **Entstehung** 1976 **Quelle** *In deinen Schutz genommen. Geistliche Lieder* (Detlev Block), Göttingen 1978 **Überschrift** *Tauflied* **Ausgabe** Der Lilienfeld und Vögel zu Gleichnissen erhob. Gesangbuchlieder von Detlev Block (hg. Siegward Kunath), München 1996 **Strophenbau** A8/4a A8/4a A8/4b A8/4b vgl. Frank 4.58 ‚ambrosianische Hymnenstrophe' **Abweichungen** nach 2: 3. *Eh wir begreifen Licht und Nacht; 4. Eh wir erahnen Lust und Not;* 5,3 zum *zweiten;* 5,4 *und schenk* den **Verbindung TM** in der Q ohne N, aber mit Hinweis auf die Melodie EKG 317 (= EG 203)

Melodie

s. *O Jesu Christe, wahres Licht* (EG 72)

Literatur

HEG II,42–44 ** ÖLK Lfg. 4; ThustB, 216; ThustL I, 369f ** Meyer (²1997) 70f.75–77; RößlerL (²2001) 1000 ** SCHROETER, Harald: Schätze in irdenen Gefäßen – sind unsere neueren Tauflieder verwässert und vergeistigt? Eine kritische Übersicht von Taufliedern ab 1945, Der evangelische Erzieher. Zs für Pädagogik und Theologie, 40 (**1988**) 184–202 (bes. 191)

Die Taufe steht in der Spannung zweier unterschiedlicher Wahrnehmungsweisen. Einmal ist sie das grundlegende „Sakrament der Kindschaft Gottes" und der „Gliedschaft in der Kirche" (beide KG 11), der „unverfügbare Herrschaftswechsel"[1], „das Zeichen neuen Lebens durch Jesus Christus"[2] in der Teilhabe an seinem Tod und seiner Auferstehung und in der „Reinwaschung von allen Sünden"[3] als „Akt der Rechtfertigung"[4]. Sie ist zugleich ein einigendes Band zwischen christlichen Kirchen, Konfessionen und Glaubensgemeinschaften, indem die Taufe zunehmend gegenseitig anerkannt wird;[5] wobei allerdings manche Traditionen besonderes Gewicht auf den Aspekt von Buße und Neubeginn legen und dementsprechend nur die Gläubigentaufe üben und die Säuglingstaufe ablehnen.

[1] Liturgie, hg. im Auftrag der Liturgiekonferenz der evangelisch-reformierten Kirchen in der deutschsprachigen Schweiz, Band IV Taufe, Bern 1992, 19.

[2] Taufe, Eucharistie und Amt. Konvergenzerklärung der Kommission für Glauben und Kirchenverfassung des Ökumenischen Rates der Kirchen, Frankfurt a. M./Paderborn 1982, 9.

[3] AaO., 10.

[4] Ebd.

[5] AaO., 15.

Neben diesen theologisch schwergewichtigen und biblisch grundgelegten Themen steht das Verständnis der Taufe als „Kasualie“, als Feier auf dem Weg des Lebens, ähnlich wie die Konfirmation oder die Trauung, aber auch wie die kirchliche Bestattung. Die Geburt eines Kindes löst starke Gefühle aus: Freude und Glück, aber auch Befürchtungen und Sorgen. Dazu verändern sich die sozialen Strukturen und verlangen nach neuer Balance. Menschen in dieser zugleich glückhaften und belastenden Situation seelsorgerlich zu begleiten, ist eine Grundaufgabe der christlichen Gemeinde. Sie vollzieht dies auch im gemeinsamen Feiern, das die persönliche Situation der Beteiligten in den Rahmen der Gemeinschaft und in den Horizont der Verheißungen Gottes stellt.

Tauflieder können in diesem Kontext verschiedene Aspekte zur Geltung bringen: Kinder- oder Erwachsenentaufe, Sakrament der Gotteskindschaft oder Segenszeichen am Beginn des Lebens, Teilhabe an Tod und Auferstehung Jesu oder persönlicher Bekenntnisakt. Die Akzente sind unterschiedlich gesetzt, und es ist unerlässlich, bei der Auswahl von Liedern für eine konkrete Tauffeier gut darauf zu achten, was der Situation angemessen ist.

Detlev Block (geb. 1934) schrieb *Gott, der du alles Leben schufst* im Jahr 1976 im Hinblick auf den „Mangel an neuen brauchbaren Taufliedern für die Gemeinde, speziell für Kinder- oder Säuglingstaufen“[6] und wies den Text der Melodie *O Jesu Christ, meins Lebens Licht* zu (vgl. EG 203). Er spricht unmissverständlich die Situation der Kindertaufe an (1,3) und ebenso ausdrücklich die Situation der Eltern mit ihrem Glück (1,4) und ihrem vielleicht auch sorgenvollen Vorausblicken auf das junge Leben (2,3.4). Ebenso deutlich ist aber auch die gewichtige theologische „Ladung“ der Taufe im Liedtext präsent: die Errettung durch Gott (3,2), die Vergebung von Schuld (4,3), der Anfang des Glaubensweges (5,2), die Nachfolge (5,4). Während das Lied also hinsichtlich der Frage Kinder- oder Erwachsenentaufe eindeutig situiert ist, verbindet es im Spannungsfeld zwischen Sakrament und Kasualie beide Seiten intensiv miteinander. Ein Durchgang durch die fünf Strophen soll dies im Einzelnen verdeutlichen.

Das Lied setzt ein mit einem Gottesbild, das gerade in neuerer Zeit stark an Bedeutung gewonnen hat: Gott, der Schöpfer und Förderer allen Lebens.[7] Sogleich folgt die christologische Vertiefung: Dieser Schöpfer ist kein abstraktes und fernes Lebensprinzip, sondern er ist den Menschen in einem historischen Menschen aus Fleisch und Blut nahe gekommen (1,2). Dann kommt die Verbindung mit der aktuellen Situation: Der Schöpfer des Lebens ist auch der Schöpfer des jungen Menschenlebens, das jetzt gefeiert und für das gebetet wird (1,3). Die starken Emotionen, die dabei mitspielen, werden zunächst nach ihrer positiven Seite, ihrem *Glück,* benannt (1,4). Die andere Seite, die Besorgnis angesichts der vielen Bedrohungen, denen das Kind ausgesetzt sein wird, kommt nicht explizit zu Wort, wird aber hinter der Bitte in Str. 2 spürbar, Christus

[6] Meyer, 70.

[7] Z. B. Thomas Bornhauser, Gott für Erwachsene, Stuttgart 2000, 174–181.

möge dem *jungen Leben* ein behütetes Wachsen schenken. Mit der Bezeichnung *Freund der Kinder* (2,2) ist an eine Bibelstelle erinnert, die häufig – exegetisch sicher zu Unrecht – für die Begründung der Kindertaufe herangezogen wurde: die Szene der Kindersegnung durch Jesus (Mk 10,13–16). Im vorliegenden Zusammenhang ist die Anspielung aber durchaus angemessen, weil es hier ja nicht um die Rechtfertigung der Kindertaufe geht, sondern um die Wertschätzung der Kinder als vollwertige Persönlichkeiten – die modernen „Kinderrechte" haben ihren gut biblischen Hintergrund.

Die theologische Kritik an der Kindertaufe gründet auf dem Entscheidungs- und Umkehrcharakter, der mit der Taufe im Neuen Testament verbunden ist, am deutlichsten bei der Johannestaufe (Mk 1,4). Dagegen wird ins Feld geführt, dass unsere eigene Entscheidung zu unsicher und unzuverlässig wäre, um darauf eine Gottesbeziehung zu gründen. Gottes Liebe, seine Zuwendung zu uns Menschen, ist zuerst seine Entscheidung. Die klassische Dogmatik spricht von der „gratia praeveniens", der zuvorkommenden Gnade Gottes, für die die Säuglingstaufe ein augenfälliges Zeichen ist. Dies drückt Strophe 3 aus (3,1.2), und sie führt den Gedanken weiter zu dem einer heilsamen Entlastung: Bei aller Verantwortung, die uns für uns selbst, für unsere Mitmenschen und die Mitschöpfung aufgetragen ist, brauchen wir doch nicht zu meinen, dass *das Heil der Welt* nur von uns und unserem Verhalten abhängt – das wäre Überschätzung und Überlastung zugleich.[8]

Strophe 4 spricht vom Segen, und sie tut dies angesichts ausdrücklich benannter dunkler Seiten des Lebens: *Schuld* und *Angst*. Das bedeutet eine Vertiefung des in unserer Zeit beinahe schon inflationären Gebrauchs des Wortes „Segen" und der vielen – oft zu wortreichen – Segenshandlungen. Segen ist mehr als inneres Wohlbefinden; er bewährt sich da, wo Leben beeinträchtigt und bedroht ist. So steht er auch in direktem Zusammenhang mit dem, was die klassische Theologie als „Rechtfertigungslehre" bezeichnet: Gott schenkt uns unser Daseinsrecht und unsere Menschenwürde auch da, wo wir schuldig werden, und befreit uns damit von unserer Grundangst, dass wir auf dieser Welt, in diesem Leben fehl am Platz sein könnten. Erst in dieser Dimension wird die ganze Kraft des göttlichen Segens sichtbar und fühlbar; und genau an dieser Stelle treffen sich die sakramentale und die kasuale Vorstellung von der Taufe.

[8] In der ersten Publikation 1978 hatte das Lied noch 7 Strophen. Zwischen der heutigen zweiten und dritten Strophe stehen dort die folgenden: *Eh wir begreifen Licht und Nacht,/ hast du dich auf den Weg gemacht / und kommst, Beginn und Zukunft du,/ mit deiner Liebe auf uns zu.// Eh wir erahnen Lust und Not,/ da machst du schon dein Angebot / und schenkst in Wort und Sakrament / dich selbst, von dem uns nichts mehr trennt.* Gegenüber der jetzigen Str. 3 ist darin nicht viel grundsätzlich Anderes enthalten, und das Lied hat durch die Straffung zweifellos einen griffigeren Gedankengang erhalten. Diese geht auf den Vorentwurf zum EG (1988; Nr. 208) zurück, kleinere Änderungen in der letzten Strophe (5,3.4) dagegen hat der Autor vorgenommen: … *den Mut zum* zweiten *Schritt* / und schenk *den Weg* (1. Aufl. 1978); und zeig *den Weg* (2./3. Aufl. 1980/1984); später: *Zeig uns den Weg.* Die Fassung in der 4., erweiterten Auflage (2001) stimmt mit jener in unseren Gesangbüchern überein.

Str. 5 schließlich blickt über die Kindertaufe hinaus. „Für jeden getauften Menschen beginnt mit der Taufe eine Glaubensgeschichte."[9] Damit wird zunächst das zukünftige Leben des getauften Kindes in den Blick genommen; es relativiert aber auch den Gegensatz zwischen Säuglings- und Erwachsenentaufe und bedeutet zugleich eine implizite Tauferinnerung für die an der Tauffeier teilnehmenden Erwachsenen, die mit dem letzten Satz *(Zeig uns den Weg)* auch für sich selber bitten. Das Lied schließt mit einer weiteren biblischen Anspielung, diesmal noch etwas versteckter als in Str. 2 beim „Kinderfreund Jesus": Dass Gott *den Weg* mit uns geht (5,4), entspricht der Verheißung Jesu am Ende des Evangeliums nach Matthäus: *Und siehe, ich bin bei euch alle Tage bis an der Welt Ende* (Mt 28,20). Diese Verheißung folgt dort auf den so genannten Taufbefehl, in dem Jesus seine Jünger auf den Weg zu *allen Völkern* schickt. Der Zusammenhang im Lied entspricht damit dem biblischen Zusammenhang. Bibel, theologische Tradition und menschliche Existenz sind hier wie im ganzen Lied eng und sachgemäß miteinander verknüpft.

Trotz des anspruchsvollen inhaltlichen Programms verwendet das Lied eine schlichte, unkomplizierte Sprache. Die Gliederung in Sinneinheiten folgt fast durchgehend der regelmäßigen Zeilen- und Strophengliederung, die Aussagen sind direkt und verzichten auf Bilder und Metaphern. Traditionelle Begriffe wie *Heil der Welt* oder *Schuld* sind nicht vermieden, aber ausgesprochene Archaismen kommen ebenso wenig vor wie betont moderne Formulierungen. Insgesamt bewegt sich der Text in ‚mittlerer Lage' – gut verständlich für Menschen, die bereit sind, sich auf die kirchliche Sprachtradition einzulassen, ohne fest in ihr verwurzelt sein zu müssen. Zusammen mit der einfachen und leicht mitzusingenden Melodie bildet er eine willkommene Ergänzung zum nicht gerade breiten Repertoire an zeitgemäßen und doch inhaltsreichen Taufliedern und ist in die neueren deutschsprachigen Gesangbücher durchgehend aufgenommen worden.

ANDREAS MARTI

[9] Liturgie, Bd. IV (s. Anm. 1), 19.

219 Herr Jesu Christ, du höchstes Gut

Text

Quellen *Vollständiges Chemnitzer Gesang=Buch*, Chemnitz 1713 **Überschrift** *(343. Mel. Herr JEsu Christ du höchst. cc.)* **Strophenbau** A8/4a A7/3b-, A8/4a A7/3b-, A8/4c A8/4c A7/3x- vgl. Frank 7.7 ‚Lutherstrophe' **Abweichungen** 1,6 *unser* Seelen; 3,4 *von dir nicht wieder* treiben; 3,6 *zum Auserwehlten fortgeschafft* **Verbindung TM** in der Q ohne N; bei dem in der Überschrift als Melodieangabe genannten Text handelt es sich wohl um das gleich beginnende Lied von Ringwaldt (s. u.) mit der gleichen Melodie * Alternativ-Melodie des EG: *Aus tiefer Not schrei ich zu dir* (EG 299/II) * weitere Melodien des 17. und 18. Jahrhunderts (oft zum gleich beginnenden Text im selben Versmaß von B. Ringwaldt, s. u. Verbindung MT): Z III,4487–4488, 4525–4526, 4538, 4542–4550

Melodie

Incipit 1_ 1-7-12 3b21_ **Vorlagen** *Wenn mein Stündlein vorhanden ist* (Tenorstimme) in: *Harmoniae HYMNORVM SCHOLAE GORLICENSIS*, Görlitz 1585 (DKL 1585[18]; Z III,4484; DKL III/3,C81); diese Melodie geht ihrerseits auf das tschechische *Stworiteli Bože misý* aus dem Gesangbuch der Böhmischen Brüder 1561 zurück (vgl. DKL III/3, Textbd. S. 258 zu C81) **Quelle** *Gesangbuch. Darinnen Christliche Psalmen/ vnd Kirchenlieder D. MARTINI LVTHERI, vnd anderer frommer Christen*, Dresden 1593 (DKL 1593[02/03]) **Ausgaben** Z III,4486; DKL III/3,C81A **Ambitus** G: 8; Z: 4b5(4b5)5355 **Abweichungen** Q: Oktave tiefer; Z. 1 N. 3 ohne ♯; Z. 7 N. 7 statt Viertel *g'* Achtel *a'g'* **Verbindung MT** in der Q (und ihrer Vorlage): *Wenn mein Stündlein vorhanden ist* (N. Herman) * *Herr Jesu Christ, du höchstes Gut, du Brunnquell aller Gnaden, sieh doch* (B. Ringwaldt; EKG 167) * *Herr Jesu, deine Angst und Pein* (EG 89)

Literatur

HEKG (Nr. 158) I/2, 272f; II/2, 88; III/1, 533f.551; Sb 246 ** ThustB, 222; ThustL I, 385f ** EEKM (1888–1895) I, 576–578; Schlunk (1951) 153f; Bruppacher (1953) 245–247 ** SAUER-GEPPERT **1984**, 88f

Das anonym überlieferte Lied taucht wohl zum ersten Mal auf im Chemnitzer Gesangbuch von 1713, welches mit einer Vorrede von Georg Sigismund Green vom 31.10.1712 versehen ist. Hier steht es in der Rubrik „Vom h. Abendmahl", Unterabteilung „Bey der Communion".[1] Es ist davon auszugehen, dass sich der uns unbekannte Autor von dem gleichnamigen achtstrophigen Beichtlied Bartholomäus Ringwaldts inspirieren ließ.[2]

[1] Vollständiges Chemnitzer Gesang-Buch etc., Chemnitz, bey Conrad Stößeln 1713, Nr. 343. Zur Ersterscheinung s. HEKG III/1, 533f.

[2] *Herr Jesu Christ, du höchstes Gut,/ du Brunn-Quell aller Gnaden!/ Sieh doch, wie ich in meinem Muth / mit Sünden bin beladen*, vgl. Chemnitzer Gesangbuch 1713, Nr. 313, s. EKG 167 und HEKG III/1, 549–551.

Der EG-Text weist zwei Abweichungen von der uns bekannten Erstfassung im Chemnitzer Gesangbuch auf. In Str. 3 heißt es ursprünglich ab der 3. Zeile: *laß Sünd und Noth uns für und für*, von dir nicht wieder treiben, *biß wir durch deines Nachtmahls Krafft*, zum Auserwehlten fortgeschafft, *und ewig selig werden*. Während die Umstellung des Präpositionalobjekts *von dir* nur stilistisch bedingt ist, scheint die zweite Abweichung auch inhaltliches Gewicht zu haben. Wenn ursprünglich gemeint war, dass sich die Kommunikanten durch die Kraft des Sakraments zum Kreis der Auserwählten[3] zählen durften, stellte sich damit die kontroverstheologische Frage nach der Prädestination. Die Abänderung in *eingehn zur Himmelsbürgerschaft* wäre dann eine - freilich biblisch legitimierte (Phil 3,20) - Abmilderung und Entschärfung sowie stilistische Glättung. Die modifizierte Textfassung begegnet wohl zum ersten Mal im sog. Eisenacher Entwurf von 1853.[4]

In der Kopfstrophe des Liedes fällt eine lange Parenthese (Z. 4–6) auf. Sie kann dazu führen, dass man lesend und erst recht singend den Faden verliert, denn der Satz *Wir kommen, deinen Leib und Blut* aus der 3. Zeile wird erst in Z. 7 weitergeführt: *zu essen und zu trinken*.[5] Auch die Verbindung in der 3. Zeile *Wir kommen, deinen Leib und Blut*, bei der das Possessivpronomen *deinen* nur zu dem maskulinen Nomen *Leib* passt und nicht zum neutrischen *Blut*, wirkt auf heutige Rezipienten holprig. Die Folgestrophen erscheinen sprachlich glatter, wobei sich etliche Gedanken wiederholen (vgl. etwa Str. 1,6 mit Str. 2,6–7 und Str. 3,6–7), einige Wortverbindungen recht konventionell wirken (*Sünd und Not*, *für und für*) und das Lied im Ganzen keinen Anspruch auf besondere Originalität erheben kann.[6]

Bemerkenswert ist allerdings das Incipit, bekannt seit dem 125 Jahre früher entstandenen Beichtlied Bartholomäus Ringwaldts.[7] Das „höchste Gut“ als phi-

[3] *Zum Auserwählten fortgeschafft* dürfte eine Kontraktion sein. Gemeint ist wohl: „zum Kreis der Auserwählten fortgeschafft“. Vgl. Porstsches Gesangbuch von 1855, Nr. 230, wo es sinnvoll apostrophiert heißt: *bis wir durch deines Nachtmahls Kraft / zu'n Auserwählten fortgeschafft / und ewig selig werden*. Dass hier eher „die Auserwählten“ gemeint sind als „der Auserwählte“ (Christus), schließe ich auch aus dem Kontext der das ganze Lied grundierenden Geschichte Mt 22,1–14, besonders Vers 14; vgl. auch 1. Petr 2,9.

[4] KLL I, 271f. Vgl. Entwurf eines Kirchengesangbuchs für das evangelische Deutschland, Stuttgart und Augsburg 1853, Nr. 67. Wortlaut: *bis wir durch deines Nachtmahls Kraft / in deines Himmels Bürgerschaft / dort ewig selig werden*. So auch in: Deutsches Evangelisches Kirchen-Gesangbuch. In 150 Kernliedern, Stuttgart und Augsburg 1854, Nr. 67. Die EG-Lesart mit dem zusätzlichen Verbum „eingehen“ findet sich nach Stichprobenprüfung zum ersten Mal im Schlesischen Provinzialgesangbuch, Breslau 1912, Nr. 217.

[5] Jürgen Henkys meint im Gespräch, dass der Autor mit diesem weiten Bogen den „niederen Stil“ des Kirchenliedes verlässt. Jedenfalls hat die Stelle schon manchmal den Wunsch nach syntaktischer Vereinfachung hervorgerufen, vgl. etwa RKG 229, wo die 1. Strophe lautet: *Herr Jesu Christ, du höchstes Gut, / du hast uns heut geladen; / du gibst uns deinen Leib und Blut / als Pfänder deiner Gnaden, / zu deiner Liebe Herrlichkeit / und unser Seelen Seligkeit / zu essen und zu trinken*.

[6] Anders Karl Christian Thust, der die „ausdrucksvolle Sprache“ lobt, vgl. ThustL I, 386.

[7] Übrigens begegnet das Nebeneinander der Gottesprädikate „höchstes Gut“ und „Brunnquell“ cum grano salis auch schon bei Martin Luther. Vgl. seine Erklärung des 1. Gebots im Großen Katechismus: „Daher auch, achte ich, wir Deutschen Gott eben mit dem Namen von Alters her

losophischer und theologischer Topos hat eine lange Geschichte, die hier nicht referiert werden kann.[8] Und doch scheint es wichtig für das Verständnis des Liedes, in welchem Sinne der Begriff des höchsten Guts hier verwendet wird.[9] Ist das höchste Gut eher ein Was oder ein Wer? Ist es eher sächlich oder eher persönlich verstanden? Ist eher gemeint: ‚Herr Jesu Christ, du höchstes Gut, nach dem ich strebe' oder eher: ‚Herr Jesu Christ, der du das höchste Gut bist'? Oder koinzidieren beide Traditionen i. S. von: Gott, der Sohn, das höchste Gut, wird im eucharistischen Essen und Trinken, in diesem *hohen Werke* (2,2) gleichsam angeeignet und einverleibt?

Die Verbindung des Höchsten Guts als Gottesprädikat mit dem Abendmahl klingt mehrfach an in einem Abschnitt der seinerzeit weitverbreiteten „Sechs Bücher vom wahren Christentum" von Johann Arndt (1555–1621).[10] In Kapitel 28 mit der Überschrift „Wie das höchste Gut erkant/ vnd in der Seelen geschmecket wird" heißt es von Gott unter Bezug auf Psalm 34: „Soll nun ein Mensch wahrhafftig wissen/ daß Gott gut ist/ vnd das höchste Gut/ so muß er seine Gütigkeit im Hertzen schmecken. Die Schrifft zeuget davon eusserlich/ aber das Hertz muß innerlich empfinden/ vnnd das lebendige Wort *schmecken.* Heb. 6. Die geschmecket haben das gütige Wort vnnd die kreffte der zukünfftigen Welt. Das Gott freundlich sey/ kanstu nicht besser verstehen dann wann du seinen Trost schmeckest/ daß er ein freudenreiches Wesen sey."[11] Arndts ausdrücklicher Verweis auf Hebräer 6 legt die Assoziation des Abendmahls nahe, wenn das Nebeneinander von erleuchten und schmecken in Hebräer 6,4 auf die Sakramente Taufe und Abendmahl gedeutet wird.[12]

nennen (feiner und artiger denn kein andere Sprache) nach dem Wortlin ‚gut', als der ein ewiger Quellbrunn ist, der sich mit eitel Güte übergeußet und von dem alles, was gut ist und heißet, ausfleußt", BSLK 1930, 565f.

[8] Nach Aristoteles (Nikomachische Ethik) ist die Glückseligkeit (eudaimonia) das höchste Gut, „das vollkommene und selbstgenügsame Gut und Endziel des Handelns." Der Scholastiker Thomas von Aquin folgt Aristoteles und sieht in der unmittelbaren Gottesschau die ewige Glückseligkeit und das höchste Gut. Dagegen hatte Kirchenvater Augustinus unter dem Einfluss Platons und des Neuplatonismus Gott selbst als das „bonum solum simplex" oder als „summum bonum" bezeichnet. Zum Überblick vgl. Eilert Herms, Art. Höchstes Gut, RGG[4] 3, Sp. 1808–1812. Zu den Quellennachweisen und den u. g. beiden Ideenlinien vgl. den Art. Höchstes Gut von Brian Hebblenthwaite, TRE 15, 435–441.

[9] Der Konkordanz zum EG zufolge wurde in den Liedern des 16. und 17. Jh. vor allem Gott Vater, aber auch der Sohn und der Heilige Geist als höchstes Gut prädiziert, vgl. EG 9,5; 179,4; 386,6 u. ö.

[10] Johann Arndt, Vom wahren Christenthumb, Band 2, Magdeburg 1610, Das XXVIII. Capitel, 304–310. Der Text ist als Digitalisat auch im Internet zu finden.

[11] Ebd., 307.

[12] Vgl. Otto Michel, Der Brief an die Hebräer, Göttingen 1964[12], 242. – Die Verbindung von Christus als dem höchsten Gut mit dem sakramentalen Mahl finden wir im Chemnitzer Gesangbuch auch bei anderen Liedern: Zu dem 4-strophigen Lied von M.J.G. Müller *Tretet her zum Tisch des Herrn* (Nr. 338) gibt es nachstehend eine kleingedruckte 5. Str. (offenbar nicht von Müller) mit folgendem Wortlaut: *Jesu! Jesu! Höchstes Gut,/ König aller Frommen,/ laß doch deinen Leib und Blut / in mein Hertze kommen,/ seliglich, das bitt ich,/ Herr in deinem Nahmen,/ hochgelobet! Amen!* Auch andere Autoren des 17. Jh. verbinden Höchstes Gut und Abendmahl, so z. B. Johann Olearius (1611–1684) in dem Lied *Herr Jesu Christ, dein teures Blut ist meiner Seelen höchstes Gut* (Chemnitz

Wie viele Abendmahlslieder seiner Zeit beginnt das Lied mit der Anrede *Herr Jesu Christ* oder *O Jesu Christ.*[13] Christus als das *höchste Gut* und *Brunnquell aller Gnaden*, lädt die Gemeinde (uns!) zum Mahl ein.[14] Insgesamt besteht das Lied mehr aus biblischen Anspielungen denn aus expliziten Bibelzitaten. In der ersten Strophe klingen Johannes 4 und Johannes 7,37f (*du Brunnquell aller Gnaden*), Matthäus 11,28 (*wie du uns hast geladen*), 1. Petrus 1,9 (*unsrer Seelen Seligkeit*) sowie Johannes 6,51ff (*wir kommen, deinen Leib und Blut ... zu essen und zu trinken*) an.

Die zweite Strophe lehnt sich an das Gleichnis vom Großen Abendmahl nach Matthäus 22 an, vgl. das Bild vom Ehrenkleid (Mt 22,11f)[15] und den Ausdruck *würd'ge Gäste* (vor dem Hintergrund des unwürdigen Gastes). Um den würdigen bzw. unwürdigen Genuss des Abendmahls geht es auch in 1. Korinther 11,27. Der unbekannte Autor weiß darum, dass die Würdigkeit einerseits von Jesus geschenkt werden muss, andererseits unserer Bereitschaft bedarf (*O Jesu, mach uns selbst bereit ... Hilf, dass wir würd'ge Gäste sein*). Die erbetene Einpflanzung *zum ewgen Himmelswesen* ist biblisch nicht belegt.[16]

Die dritte Strophe erinnert an Johannes 15,4 (*Bleib du in uns, dass wir in dir / auch bis ans Ende bleiben*).[17] Doch ist die eschatologische Hoffnung nicht auf das Kommen des Herrn, sondern ursprünglich auf die Auserwählung (Mt 22,14), jetzt auf das Eingehen in die *Himmelsbürgerschaft* (Phil 3,20) gerichtet.

Mit dem leiblichen Empfang der sakramentalen Gaben, die gut lutherisch als *Leib und Blut* Christi bezeichnet werden[18], wird für den Genuss *deiner Liebe Herrlichkeit* sowie *unsrer Seelen Seligkeit* verheißen. Im Unterschied zu den älteren Abendmahlsliedern wird die Frucht des Sakraments hier also bereits begrifflich abstrahiert.

Insgesamt steht das Lied ganz bewusst in der lutherischen Liedtradition. Viele der verwendeten Ausdrücke, Reimpaare und Bilder finden wir auch in anderen bekannten, nicht nur Abendmahls-Liedern von Martin Luther über Bartholomäus Ringwaldt, Ludwig Helmbold bis Johann Heermann, Johann Olearius, Michael Schirmer und Paul Gerhardt.[19]

1713, Nr. 342), in dem der Dichter Christi Blut, das im Abendmahl zur Vergebung der Sünden unter der Gestalt des Weines als Seelenspeise gereicht wird, mit dem höchsten Gut identifiziert.

[13] Vgl. EG 217 u. a. Vgl. auch *Herr Jesu Christ, dein teures Blut* (Olearius, Chemnitz 1713, Nr. 342) oder *Herr Jesu Christ, du hast bereit* (Dreßdnisches Gesang-Buch 1779, Nr. 308).

[14] Das Bild von Christus als der Quelle begegnet häufig in Abendmahlsliedern, vgl. etwa EG 217,2; 218,5.

[15] Vgl. Olearius *Herr Jesu Christ, dein theures Blut* (Chemnitz 1713, Nr. 342,2).

[16] Das Bild des Einpflanzens begegnet aber in älteren Abendmahlsliedern, z. B. J. Heermanns *Jesu, du mein Bräutigam*, vgl. PPM 1698[28], Nr. 621,7: *Lösch alle Laster aus in mir;/ Mein Hertz mit Lieb und Glauben zier;/ und was sonst ist von Tugend mehr,/ das pflantz in mir zu deiner Ehr.*

[17] Die Reziprozitätsformel (du in uns / wir in dir) begegnet in den älteren Abendmahlsliedern relativ häufig, vgl. etwa Geistliche und liebliche Lieder (Porst), Berlin 1850 (Vorrede von 1728), Nr. 215,11; 221,8; 225,7.9 u. ö.

[18] Vgl. Martin Luther, Der kleine Katechismus, Das Sakrament des Altars, BSLK, 1930, 519f. Vgl. auch Str. 2 seines Liedes *Jesus Christus, unser Heiland* (EG 215).

[19] Vgl. im EG 9,5; 215,2; 217,2; 218,1; 302,2; 320,5; 322,2; 495,1 u. a. Zur Motivverwandtschaft

Rezeptionsgeschichtlich ist bemerkenswert, dass das Lied seinen Namensgeber, das jahrhundertelang in alle Gesangbücher aufgenommene Beichtlied von Ringwaldt, gleichsam überholt hat. Man kann das auf die abnehmende Bedeutung der Beichte zurückführen oder positiv auf die zunehmende Bedeutung des Abendmahls und den Bedarf nach Liedern *zum* Abendmahl.

Unser Lied gehört zur Untergattung „Einladung zum Abendmahl", vgl. EG 213 oder EG 224. Wahrscheinlich wurde es im 18. Jh. vor allem in der Samstagsvesper, die der „Vorbereitung zum Heiligen Abendmahl" galt, verwendet. Heute kann es vor Beginn jeder Abendmahlsfeier, aber auch beispielsweise als Predigtlied am Abendmahlssonntag (7. Sonntag nach Trinitatis) gesungen werden.[20]

Bernhard Schmidt

Kleinräumigkeit ist ein prägendes Merkmal dieser Melodie; Halbtonschritte spielen eine wichtige Rolle in ihr: Gleich zu Beginn *g–fis* und dann immer wieder *b–a*: am Höhepunkt der ersten Melodiezeile, rhythmisch exponiert am Ende der zweiten, zweimal als Durchgang in der ersten Abgesangszeile und schließlich als Rahmenintervall der vorletzten Zeile. Insgesamt neun Mal in jeder Strophe wird der fallende Halbtonschritt, seit jeher eine der ausdrucksvollsten Tonfortschreitungen, gesungen. Zusammen mit dem Rahmenintervall einer verminderten Quarte zwischen tiefstem und höchstem Ton der Eingangszeile ergibt sich dadurch jene Stimmung, die heutzutage für viele Ohren fremdartig und altertümlich, vielleicht sogar bedrückend wirken mag. Dazu passt, dass die Weise ursprünglich und über lange Zeit hinweg mit einem Sterbelied verbunden war: *Wenn mein Stündlein vorhanden ist.* Zwei weitere Charakteristika lassen die Melodie als typische Schöpfung des 16. Jh. erscheinen. Ebenso wie bei Texten liegt auch bei Melodien auf der Schlusszeile oft eine besondere Bedeutung. Die Tonwiederholung mit anschließendem Intervallsprung und kleinem Melisma (eine Silbe auf drei Töne gesungen) erinnern an ähnliche Schlusszeilen in tonal verwandten Kirchenlied-Melodien wie z. B. *Kommt her zu mir, spricht Gottes Sohn* (EG 363). In unserer Melodie ist dies die einzige Stelle, an der vom streng syllabischen Duktus abgewichen wird. Vorbereitet und verstärkt wird die Schlusswirkung durch die vorletzte Zeile, dem einzigen „plagalen" Melodieteil. Das bedeutet, dass nur in diesem Abschnitt die Melodie zur Unterquarte erweitert wird und der Grundton quasi in der Mitte liegt.

Was den Rhythmus betrifft, so ist der Begriff bei alten Melodien völlig anders zu verstehen als im Musikgefühl unserer Zeit. Rhythmus ist hier nicht ein zusätzliches Element zum harmonischen und melodischen, er bezeichnet nicht mehr und nicht weniger als eine festgelegte Abfolge von Tondauern und damit

vgl. auch das Lied aus dem Chemnitzer Gesangbuch (1713) Nr. 342 *Herr Jesu Christ, dein theures Blut.* Dort lautet Str. 2: *Dein Blut, mein Schmuck, mein Ehrenkleid,/ dein Unschuld und Gerechtigkeit / macht, daß ich kann für Gott bestehn/ und zu der Himmels-Freud eingehn.*

[20] Das Chemnitzer Gesangbuch empfiehlt das Lied für den 3. Sonntag nach Trinitatis.

gleichzeitig von Silbenlängen. Und wenn man ein Gespür für die kleinen rhythmischen Nuancen entwickelt, kann der rhythmische Aufbau einer Melodie durchaus semantische Qualität bekommen. In unserem Beispiel sind die Zeilenanfangs- und -schlusstöne wie bei den Melodien des Genfer Psalters als lange Töne konzipiert; der Notenwert ist gegenüber dem normalen Rezitationstempo verdoppelt. Mit einer Ausnahme: der Zeilenübergang im ersten Melodieteil. Hier folgt auf den Schlusston – und die Schlusssilbe – der ersten Zeile eine Viertelpause, und die Folgezeile beginnt quasi auftaktig mit einem kurzen Notenwert. Dadurch sind diese beiden Zeilen enger verknüpft als alle übrigen. Betrachtet man nun die Texte der drei Strophen an dieser Stelle, der Stollen-Mitte, so fällt auf, wie gut diese rhythmische Verkettung der beiden Melodiezeilen zum Textinhalt passt. Ganz anders wirken dagegen die beiden Schlüsse am Ende des Stollens und der Strophe. Einzig durch die Verlängerung der vorletzten Note, „Paenultima" genannt, wird die Schlusswirkung verstärkt. Die erzielte Wirkung entspricht etwa einem Punkt in der Schriftsprache. Dadurch wird ein Problem des Strophenliedes deutlich: Wo ein Dichter bewusst, z. B. durch ein Enjambement, Versgrenzen überbrücken will, ist solch ein musikalisches „Satzzeichen" geradezu kontraproduktiv. Auch in der ersten Strophe von *Herr Jesu Christ, du höchstes Gut* passen die musikalisch kräftigen Schlüsse am Ende der Stollen nicht so recht zum Text, der weiterdrängt. Eine Chorleiterin oder ein Organist sollten sich solcher Feinheiten bewusst werden. Dennoch wirken diese kleinen rhythmischen Abweichungen vom metrischen Grundmaß, auch die Punktierung in der Schlusszeile, ungemein erfrischend, man denke etwa vergleichend an die monoton fortschreitende Melodie des Liedes *Herz und Herz vereint zusammen* (EG 251) oder die rhythmischen Egalisierungsbestrebungen vergangener Jahrhunderte.

Historisch wurde die Melodie, wie so viele, aus ihrer Funktion als Tenor eines mehrstimmigen Satzes herausgelöst und gleichsam singend zu ihrer heutigen Form zurechtgeschliffen. Dabei gilt es, die Herkunftsangaben im EG (Görlitz 1587 bzw. Dresden 1593) zu korrigieren und zu ergänzen. Vor der ersten Fassung in dem lateinisch-deutschen Kirchenlied-Druck „Harmoniae Hymnorum Scholae Gorlicensis" (Görlitz 1585, nicht 1587) erschien im tschechischen Gesangbuch der Böhmischen Brüder von 1561 („Piesnì Chval Božskych", [Leitmeritz] 1561) eine Vorgängermelodie zum Text *Stvoriteli Bože milý*, jedoch vierzeilig und einen Ton höher notiert. Wie die heutige Fassung hat schon diese tschechische Vorlage zu Beginn die Wechselnote zur Untersekunde, und auch die Zeilenanfangs- und -endtöne und die melodische Bewegung im Stollen stimmen überein (vgl. DKL III/3 mit Anmerkung). Ihre heutige Gestalt erhielt die Melodie unter der Überschrift „Ein Geistlich Lied zu bitten vmb ein seliges stundelein" in dem Dresdener „Gesangbuch darinnen christliche Psalmen und Kirchenlieder ..." von 1593 (DKL 1593^{02}). Dort fehlt allerdings noch das Erhöhungszeichen vor dem dritten Ton (*f* statt *fis*), was jedoch nicht heißt, dass dieser Ton damals nicht auch schon als Leitton, also erhöht, ausgeführt werden konnte.

Helmut Lauterwasser

224 Du hast zu deinem Abendmahl

EG 224 EM 526 (T)

Text

Verfasser Arno Pötzsch **Quelle** *Singende Kirche – Geistliche Gesänge f. d. Gemeinde* von Marinepfarrer Arno Pötzsch und Organist Jacques Beers (hg. für die deutschen evangelischen Gemeinden in den Niederlanden von Pfr. [Paul] Kaetzke), Den Haag 1941(Singende Gemeinde Heft 1) **Überschrift** *Abendmahlslied* **Ausgabe** Arno Pötzsch: Sagt, dass die Liebe allen Jammer heilt. Geistliche Lieder und Gedichte. Mit einer Einführung in Leben und Werk, hg. v. Detlev Block, Stuttgart 2000, 41 **Strophenbau** A8/4a A7/3b-, A8/4a A7/3b-, A8/4c A7/3d- A8/4c A7/3d- vgl. Frank 8.15 **Abweichung** EM: mit EG 216 als Str. 4 unter der Überschrift: „Am Schluss der Abendmahlsfeier" **Verbindung TM** in der Q: eigene M (Jacques Beers) * weitere eigene M: Felicitas Kukuck (Zeitgenössische Kirchenlieder 1967, s. u. Literatur Reich 1967) * Lehnweise: *Was mein Gott will, gescheh allzeit* (EG 364; so vor 1950 in Württemberg gesungen [vgl. Meyer 1997, 315]; so auch Alternativ-Vorschlag bei EG 224; so auch mit 4st. Satz in EM 526)

Melodie

Incipit 5_3_2_ 12345_ **Verfasser** Gotthold Veigel **Entstehung** 1950/1951 **Quellen** (a) *Evangelisches Kirchen-Gesangbuch. Ausgabe für die Evangelische Kirche Berlin=Brandenburg. Sondergut der Evangelischen Kirche der Union und der Evangelischen Landeskirche Anhalts*, Berlin 1951 * (b) *Evangelisches Gesangbuch. Vorentwurf*, [o. O.] 1988 **Besonderes** vom Textautor begrüßte Eigenmelodie **Ambitus** G: 9; Z: 56(56)76b48 **Abweichungen** (a) s. Abdruck der Q im Kommentar **Verbindung MT** wie EG

Literatur

HEG II, 242f.332f ** ThustB, 225; ThustL I, 392f ** Meyer ([2]1997) 215f.312; RößlerL (2001) 984 ** REICH, Philipp: *Zu den Melodien*, in: Friedrich Hofmann (Hg.), Zeitgenössische Kirchenlieder. Grundausgabe, Berlin **1967**, 37f * BLOCK, Detlev: Das Lied der Kirche. Gesangbuchautoren des 20. Jh. Arno Pötzsch, Otto Riethmüller, Rudolf Alexander Schröder, Lahr **1995**, 32–35 * FRIEDRICH, Verena: Arno Pötzsch (1900–1956). „... und dem ich schreibe, ist nur Gott allein", MGD 56 (**2000**) 54–56

Das Lied entstand 1941 in den Niederlanden zur Zeit der deutschen Besetzung und wurde in Rotterdam erstmalig gesungen. Es ist kein Zufall, dass das von *Leid, Sorgen, Schuld, Schmerzen* und *Hunger* sprechende Lied gerade in der am schlimmsten vom Krieg heimgesuchten Stadt der Niederlande seinen Anfang nahm. Der deutsche Militärpfarrer Arno Pötzsch hat mit den Menschen in dieser Stadt gelitten. Er hat das Sterben hautnah miterlebt und zahlreiche von den Militärgerichten zum Tode Verurteilte auf ihrem letzten Weg begleiten müssen. Er tröstete die Hinterbliebenen, die Verletzten und die Gefangenen und hat damit oft schwere Last auf sich genommen. In dieser Situation schuf er den Text des Abendmahlsliedes für die deutsche evangelische Gemeinde in den Niederlanden. Jacques Beers, 1927–1940 Organist der deutschen Gemeinde in Paris, bei Kriegsausbruch in seine Heimat Amsterdam zurückgekehrt, vertonte die Lieder Pötzschs und schuf mehrstimmige Sätze dazu. 1947 wurde der Text in einer Gedichtsammlung Pötzschs in Deutschland veröffentlicht[1] und bereits vor Einführung des EKG (1950) in Württemberg nach der Melodie *Was mein Gott will, das gscheh allzeit* gesungen. Die Melodie von Jacques Beers wurde nicht übernommen.

Die Textfassung des EG geht auf die Ausgabe von Den Haag 1942 zurück. Sie lehnt sich an die Geschichte vom großen Festmahl (Lk 14,16–24) an, wo der Hausherr am Ende anstatt der geladenen Gäste, die sich der Reihe nach entschuldigen, die Unterprivilegierten zu Tisch bittet, die Behinderten und sozial Schwachen, die Mühseligen und Beladenen (Mt 11,28), für die eine Einladung an den festlich gedeckten Tisch eigentlich gar nicht vorgesehen ist. Sie müssen *Leid, Sorgen, Schuld und Schmerzen* ertragen (1,5f). Aber genau genommen sind auch die Reichen und Gesunden nicht würdig, der Einladung zu folgen, denn vor dem Angesicht Gottes ist keiner unbelastet und frei von Schuld (*los und ledig*). Jeder müsste sich an die Brust schlagen und mit dem Zöllner sprechen *Gott, sei mir Sünder gnädig* (Lk 18,13). Die Einladung zum Festmahl ergeht daher nicht wegen der Würdigkeit der Gäste, sondern wegen ihres Hungers, der zu stillen, und wegen ihrer Hände, die zu füllen sind (2,6.8).

Das Lied könnte mit den ersten beiden Strophen auch bei den „Biblischen Gesängen“ eingeordnet werden. In der dritten Strophe wird die Geschichte von der Einladung zum Festmahl ausdrücklich auf das eucharistische Mahl bezogen. In Str. 3 endet die Rede vom Leiden, und es ist von *edlen Gaben* und von Gottes Gegenwart die Rede, vom *Leben* und von der wunderbaren Tröstung *über Bitten und Verstehn* (Eph 3,20). Dass Christus Brot und Wein segnet, erinnert an die Einsetzungsworte des Abendmahls (Mk 14,22f) und an das gemeinsame Mahl des Auferstandenen mit den Emmausjüngern (Lk 24,30f). Dabei werden die Segnungsworte zum Erkennungszeichen. Sie sind es, die den Jüngern die Augen dafür öffnen, dass Christus selbst *gegenwärtig* bei ihnen am Tisch sitzt.

Das Abendmahlslied von Arno Pötzsch gehört zu den EG-Liedern, die auf schwere dogmatische Last verzichten. Der Dichter thematisiert nicht, was mit Brot und Wein beim Abendmahl geschieht, wie die Seele sich im Sakrament mit Gott vereint oder auf welche Weise der Herr beim Abendmahl gegenwärtig ist. Sein Thema ist allein die Einladung zum Mahl, die an keine Bedingung gebunden ist. Er spricht von *uns* und lässt damit die Gemeinde sprechen, die am Altar gemeinsam feiert.

Mehr als vierzig Komponisten haben Lieder Pötzschs vertont.[2] Die Melodie von Gotthold Veigel für *Du hast zu deinem Abendmahl* wurde 1951 erstmalig

[1] Arno Pötzsch, Von Gottes Zeit und Ewigkeit – Worte und Lieder einer Wegfahrt, Hamburg 1947, 69.

[2] Block 1995, 30f.

im Anhang für das EKG Berlin-Brandenburg gedruckt und fand von dort aus Eingang in andere landeskirchliche Anhänge. Veigel wollte das Lied nicht auf eine bereits bekannte Gesangbuchmelodie singen lassen, die „atmosphärisch festgelegt“ ist. Dafür war ihm die ausgereifte Dichtung Pötzschs zu wichtig, deshalb schuf er eine eigenständige Weise. Arno Pötzsch fand offensichtlich Gefallen an dieser Eigenmelodie für sein Lied.[3] Ursprünglich hatte Veigels Melodie folgende Gestalt:[4]

Im Vorentwurf zum EG 1988 wird die Melodie in ihrer Notierung umgestaltet und mit halben Pausen versehen. Gotthold Veigel nimmt diese Veränderungen zur Kenntnis, hat sie aber nicht selbst veranlasst. Er berichtet über die veränderte Notierung eher distanziert: „Die am Ende der Zeilen 2+4+6 stehenden Fermaten, die zur Ruhe einladen, werden seit 1988 in Form von halben Pausen notiert, die jetzt die Genfer Psalmmelodien gemeindegemäß machen. Für den ruhigen Atem der Melodie ist wichtig zu beachten, daß der angegebene 3-Halbe-Takt nicht missverstanden wird und etwa zu einem 6-Viertel-Takt entartet.“[5]

Dies ist nicht der einzige Fall, in dem eine eindeutig taktierte Melodie bei der Redaktion des EG nach historischen Vorbildern umnotiert wurde, um sie mit altertümlicher Patina zu versehen (siehe EG 230 *Schaffe in mir, Gott, ein reines Herze*). Durch die veränderte Notierung wird jedoch die Beziehung zwischen Text und Melodie gestört. So verlieren mehrere Auftakte ihre Bedeutung und werden in schwere Zählzeiten verwandelt (z. B. Anfangsnote *Du*; 1. Note nach der Wiederholung *Wir*; am Beginn der vorletzten Zeile *Ob*). Die Melo-

[3] Meyer [2]1997, 312.
[4] EKG Berlin-Brandenburg 1951.
[5] Meyer aaO.

dieführung lehnt sich in allen Strophen dicht an den Text an und nimmt den Rhythmus der Sprache auf. Ihren Höhepunkt hat sie bei der bis über die Oktave aufsteigenden Tonleiter, die in allen Strophen die zentralen Sätze hervorhebt: Das Tragen von *Leid, Sorgen, Schuld und Schmerzen* in Str. 1, die Einladung der Sünder zum Festmahl in Strophe 2 und die *über Bitten und Verstehn* versprochene *Gabe* in Strophe 3.

Gelegentlich wird an das Lied eine vierte Strophe angehängt[6], die im EG ein eigenes Lied darstellt (EG 216 *Du hast uns Leib und Seel gespeist*). Sie stammt von Thomas Blarer und war 1540 für das Ende der Kinderpredigt in Konstanz vorgesehen. Mit ihrer erzieherischen Tendenz passt sie nicht gut in den Zusammenhang unseres Liedes. So ist es eine gute Entscheidung gewesen, sie als eigenständiges Lied ins Gesangbuch aufzunehmen und die nachträglich hergestellte Verbindung mit Pötzschs Abendmahlslied nicht zu übernehmen.

Wolfgang Herbst

[6] Z. B. in EM 526,4.

233 Ach Gott und Herr

EG 233 CG 748

Text

Verfasser Martin Rutilius **Entstehung** s. Kommentar **Quelle** *Gedenck und Erinnerungs Predigt/ Von dem grausamen Gewitter, und schrecklichem Gewässer* [...] (Johann Major), Jena 1613 **Ausgabe** FT I,52 **Strophenbau** A4/2a A4/2a A7/3b- A4/2c A4/2c A7/3b- Frank 6.2 **Abweichungen** 2,2 *solcher* Zeit; 2,3 an der *Werlet Ende*; 2,4 *Vnd wolt loß* sein; 2,6 würd ich *doch solchs*; 3,3 wie *ich hab wol*; 3,5 ins *Gericht;* nach 3: 4. *Solls ja so seyn*; 4,2 vergiß *der* Schuld; 4,3 *Verley* ein *ghorsam*; 4,4 *Laß* mich nur; 4,5 *Mein Heil murrend verschertzen*; 5,1 *Handel* mit mir; 5,2 *wie es dünckt* dir; 5,3 *Nach deinr Gnad* will; 5,4 *Laß mich nur nicht* 5,5 *dort* ewiglich; 5,6 *Von dir seyn abgescheiden* * CG: Str. 2 u. 4 fehlen **Verbindung TM** in der Q ohne M * wie EG, s. Kommentar * spätere Melodien: Z II,2049 (M. Franck; 1616); Z V,8212 (1630); Z II,2052 (J. Stobäus; 1638); Z II,2053 (J. Jeep; 1659); Z II,2061 (Werner 1815)

Melodie

Incipit 1__-7_-6_-5__ **Vorlagen** (a) *AS HYMNODUS SACER. Zwölff Geistliche/ anmuthige/ vnd theils newe Gesänge*, Leipzig 1625 (DKL 1625[18]; s. Kommentar); (b) Thorner Cantional, 1638 (nach HEKG, Sb 259) **Quelle** *AndachtsZymbeln/ Oder Andächtige und geistreiche* [...] *Lieder* (Christoph Peter), Freiberg 1655 (DKL 1655[07]) **Ausgaben** (Vorlage: Z II,2050) Z II,2051; B II,264 **Ambitus** G: 6; Z: 44546 **Abweichungen** Takt ¢; Quarte höher; Z. 4, N. 3: mit ♯, vorletzter Ton statt Viertel *g'* Achtel *a'g'* **Verbindung MT** in der Q wie EG * *Gott ist mein Hort, und auf sein Wort* (EKG-Regionalteil Pfalz 420/RG 687) * *Zeuch uns nach dir* (EKG 94)

Literatur

HEKG (Nr. 168) I/2, 288–290; III/1, 551f; Sb 257–259; HEG II, 239.268f ** ThustB, 231; ThustL I, 408f ** Koch (^{3}1866–1877) VIII, 226–228; KLL (1878–1886) I, 7f; EEKM (1888–1895) I, 3f; Nelle (^{3}1924/1962) Nr. 239; Schlunk (1951) 11; Bruppacher (1953) 326f ** WIMMER, Gabriel: Ausführliche Lieder-Erklärung Dritter Theil, Altenburg **1749** * LINKE, Johannes: Ach Gott und Herr wie groß und schwer. I., BHy 6/**1887**, 82–90 * DERS.: Ach Gott und Herr wie groß und schwer. II., BHy 7/**1887**, 98–103 * HOFFMANN, Georg (Hg.): Balthasar Mentzers Handbüchlein. Mit einer Einleitung, Göttingen **1938** * JAUERNIG, Reinhold: Der Dichter des Liedes „Ach Gott und Herr, wie groß und schwer ...", JLH 1 (**1955**) 107–109 * GRIMM, Jürgen: Die „Andachts-Zymbeln" des Christoph Peter (1655), JLH 14 (**1969**) 167.177 * RÖSSLER, Martin: Bibliographie der deutschen Liedpredigt, Nieuwkoop **1976**, 238 * SAUER-GEPPERT **1984**, 118

Ach Gott und Herr gehört zu den frühen Bußliedern der lutherischen Orthodoxie (Entstehungszeit 1604, gedruckt 1613)[1]. Der Text bringt die theologischen Grundgedanken der Bußlehre zur Sprache, teilweise in Kurzformeln, die, knapp und eindeutig den Lehrgehalt markierend, aneinander gereiht werden (besonders auffällig in Str. 3). Gerade diese Kürze und (wie sich zeigen wird: vermeintliche) Deutlichkeit waren es vermutlich, die das Lied bald beliebt gemacht haben, auch wenn der sprachliche und metrische Befund nur lauten kann, dass die Opitzsche Poetikreform noch in weiter Ferne liegt. Dennoch gewinnt das Lied gedanklich und sprachlich eine gewisse Vertiefung, indem es das theologisch „Richtige" ins Gebet, das Lehrhafte in die subjektive Erfahrung, die Rede der dritten Person in die der ersten Person überführt. Das Bekenntnis beichtet *m e i n begangne Sünden*, *mein* Heil steht mit der Bitte um Vergebung auf dem Spiel, *Ich* bin bereit zu leiden, wenn nur das Gericht *mich* nicht ewig von Gott scheidet. Damit ist das Lehrhafte ins Existentielle aufgenommen, die Buße wird im Singen vollzogen.[2]

Was ist unter dieser Voraussetzung über das Bußverständnis des Liedes zu sagen? Es sind die Elemente darin vorhanden, welche die reformatorische Lehre bestimmen, aber sie tragen in dem Lied doch einen besonderen Akzent. Zunächst das Bekenntnis der Sünden, die eigentlich nicht zu vergeben sind. Das Bekenntnis ist eine absolute Aussage, es differenziert nicht zwischen schweren und eventuell weniger schweren Sünden, es wägt nicht ab zwischen Sünden und möglichen guten Werken, sondern nimmt die ganze Existenz des Beters in sich auf. Diese Ganzheitsbestimmung findet in dem Ruf *wie groß und schwer* ... ihren Ausdruck und in dem Folgesatz ihre Deutung: Hoffnungslosigkeit. *Niemand* kann hier helfen (Str. 1). Dem fügt die 2. Strophe ein weiteres Bild hinzu: Nirgends ist Hilfe zu erhoffen, heißt es hier unter Anspielung auf Psalm 139,7–10, wo Gottes Allgegenwart staunend wahrgenommen wird. Die Botschaft des Psalms lautet: *Von allen Seiten umgibst du (Gott) mich und hältst deine Hand über mir* (V. 5). Seine unbegreifliche Nähe überwältigt den Menschen und treibt ihn zu immer neuen Versuchen, das Unfassbare zu begreifen (V. 6). Diese Gegenwart kann bedrängend sein bis hin zu der Frage: *Wohin soll ich fliehen vor deinem Angesicht?* (V. 7) Vor allem aber bedeutet sie Halt und Führung (V. 10) für den Menschen, den Gott erkennt und der von Gott erkannt sein will (V. 1/V. 23f). Wenn jedoch der schuldbeladene Mensch erkennt, dass er Gott nicht entkommen kann, selbst wenn er bis ans Ende der Erde liefe, wird die Verlassenheit (Str. 1: *niemand, der helfen kann*) verschärft durch die Enge der Ausweglosigkeit (Str. 2).

Doch die Verzweiflung hat nicht das letzte Wort. Wenn die Flucht vor Gott unmöglich ist, ist die Umkehr nötig: die Flucht zu Gott. *Zu dir flieh ich* (Str. 3,1). In dieser Umkehr ist das reformatorische Verständnis der Buße verbildlicht.

[1] Die komplizierte Überlieferungsgeschichte des Liedes wird belegt bei FT I,39–41. Dass sich in vielen Gesangbüchern eine zehnstrophige Version findet, lässt auf große Beliebtheit des Liedes schließen. Während FT noch an der Verfasserschaft von Martin Rutilius zweifelt, ist sie eindeutig nachgewiesen in HEKG Sb, 257–259.

[2] Es ist zwar richtig, dass diese Subjektivierung ein Charakteristikum der Gattung Bußlied ist. Aber das schließt ja nicht aus, dass es an einem besonderen Lied als qualitätssteigernd vermerkt wird.

Die Reue behält ihr Recht (vgl. Str. 3,3), aber ihr wird jetzt der Glaube entgegengesetzt, der gegen die Verlassenheit der sündigen Existenz Gott für die Rettung in Anspruch nimmt, zunächst in negativ formulierten Bitten: Gott möge ihn nicht verstoßen, nicht zürnen, nicht ins Gericht gehen mit ihm. Die positiven Aussagen in dieser Strophe nennen die beiden entgegengesetzten Sachverhalte, die in der Buße zur Sprache kommen müssen: verdiente Verstoßung (Reue) – Versöhnung durch Gottes Sohn (Glaube). Was in der 3. Strophe scheinbar unverbunden nebeneinander steht, bildet tatsächlich einen engen Zusammenhang von Bekehrung, Vergebung und Versöhnung und damit das inhaltliche und sogar sprachliche Zentrum des Liedes. Das *Niemand* und Nirgends ist aufgehoben durch die Flucht zu Gott (Str. 3,1), welche die Hoffnung auf Rettung weckt (Str. 3,2.4.5) und die Begründung nennt (Str. 3,6). Faktum und Begründung des Glaubens sind als einfache Aussagen gestaltet, die inneren Zeilen als Bitten, und sie klammern die nur noch als Möglichkeit genannte Erkenntnis der Strafwürdigkeit (Str. 3,3) ein. Theologisch ist damit für die Buße ein angemessener Ausdruck gewonnen. Er entspricht der reformatorischen Theologie, wie sie etwa in Melanchthons Bestimmung der Buße zu lesen ist:

> Es sind zwei Teile der Buße, die Reue und der Glaube. Die Reue bedeutet die Schrecken des Gewissens, das die Sünde und Gottes Zorn erkennt und wegen der Sünde Schmerzen trägt [...] Wo nicht der Glaube hinzu käme, würden die Reue und die Schrecken die Verzweiflung und den ewigen Tod mit sich bringen. Mithin ist's nötig, die Kirchen auch von dem andern Teile zu lehren, dass der Trost hinzukomme. Darum ist das Evangelium darzulegen, in welchem Vergebung der Sünden um Christi willen zugesagt wird.[3]

Aber gerade Melanchthon hat bekanntlich diesen zwei Teilen der Buße einen dritten hinzugerechnet, denn „diesen (d. h. Reue und Glauben) muss notwendig folgen der neue Gehorsam, und so ihn jemand den dritten Teil nennen will, habe ich nichts darwider."[4]

Im Lied beginnt mit der 4. Strophe das Thema des neuen Gehorsams mit der zentralen Bitte um ein *gehorsam Herze*. Auf Aussagen über das Leben im neuen Gehorsam wartet man allerdings vergebens. Die in den Strophen 4 und 5 zur Sprache gebrachten Gebetsanliegen betreffen nicht das neue Leben des durch Reue und Glauben geretteten Sünders, sondern etwas, das mit dem Leiden des Beters zu tun hat; aber das meint hier nicht den Schmerz der Reue, sondern das Leiden, das bereits in der 2. Strophe als *Kreuz* benannt wird, dessen der Beter gern *wollt ledig sein* (Str. 2,4). Ein *Kreuz* aber ist ein „natürliches", „weltliches" Leiden, das Gläubige wie Ungläubige treffen kann und das zum Leben gehört. Wenn nun Gott dem Beter Geduld geben und mit ihm handeln soll, wie es ihm (gut) *dünket* (Str. 5); wenn ferner der Beter seine Bereitschaft erklärt, das Verfügte zu leiden, und das Lied mit dem demütigen Wunsch endet: *Nur*

[3] Phil. Melanchthon, Catechesis puerilis, 1558, zit. bei E. Hirsch, Hilfsbuch zum Studium der Dogmatik, Berlin 4. Aufl. 1964, 179.

[4] Phil. Melanchthon, Loci, tertia aetas, zit. bei E. Hirsch, ebd.

wollst du mich / nicht ewiglich,/ mein Gott, dort von dir scheiden, dann ist damit das Thema bezeichnet, das dieses Bußlied aufnimmt und das ihm den besonderen Akzent verleiht. Es handelt „Vom Kreuz der Frommen". Endgültig überzeugend für diese thematische Akzentuierung ist die im EG ausgelassene ursprüngliche Str. 4:

Solls ja so seyn/
daß Straff vnd Pein/
Auff Sünde folgen müssen:
So fahr hier fort/
vnd schone dort/
Vnd laß mich ja wohl büssen.

Dem bekehrten, frommen Menschen wird das Leiden zur Frage an sein Gottesverhältnis. Muss er es als Teil der Buße ansehen, als Strafe für die vergangenen, aber auch noch die weiter von ihm zu erwartenden Sünden? Der lutherische Theologe Balthasar Mentzer[5] bestreitet im Wesentlichen den Strafcharakter des Kreuzes. Alles, also auch das Leiden, komme zwar von Gott, aber es sei gemeint als „väterliche Züchtigung", die nötig sei wegen der Schwachheit des Menschen, der Gott aber als eines fremden Werks „lieber wollte überhoben sein". Diese Bestimmung des Leidens eines Gläubigen ist darauf bedacht, kein Misstrauen gegen „das rechte Vaterherz ... in Gott" aufkommen zu lassen. Gott, „der mit seinen Gläubigen nicht zürnt, sondern in Christo ihnen versöhnt ist und alle Sünden verziehen hat", prüft mit Trübsalen ihre Geduld und ihren Glauben, „dass sie alle ihre Hoffnung und Vertrauen auf ihn allein setzen und in Betrachtung ihrer Unvollkommenheit sich sehnen nach dem ewigen Leben, da sie Ruhe haben werden von aller Arbeit in unaussprechlicher Seligkeit." Die Nähe dieser Gedanken zu den Strophen 4–5 (bzw. 6) ist ein Hinweis auf die sogar sprachliche Übereinstimmung in diesem Problem. Das gilt wohl auch noch für die Verwendung eines ganz ungebräuchlichen Wortes im Lied und in Mentzers theologischem „Handbüchlein", das die Frage stellt: „Dergestalt hätte ein Christ nicht Ursache zu murren, wenn ihm ein Kreuz zukäme, sondern vielmehr Gott zu danken?" Mentzer bejaht, wie der Beter des Liedes: Wenn ich im Kreuz die Geduld vermissen lasse, laufe ich Gefahr, dass ich *murrend mein Heil verscherze* (Str. 4,6). Die Annahme, dass das geduldig ertragene Kreuz den Frommen vor der ewigen Trennung von Gott bewahren könne, ist wohl als eine Popularisierung des Gedankens von der Züchtigung zur Besserung des Menschen zu verstehen.

Ist es abwegig zu vermuten, dass die Gründe, die das Lied nach seinem Erscheinen bald sehr beliebt machten, weil es ein stets drängendes seelsorgerliches Thema – das Leiden des Gotteskindes – anspricht und weil es auf Übereinstimmung in den gedanklichen Voraussetzungen rechnen konnte – dass dies

[5] Balthasar Mentzer hat in seinem „Handbüchlein" dem Thema „Vom Kreuz der Frommen" ein eindrucksvolles Kapitel gewidmet (erschienen zwischen 1617 und 1619, hg. v. Georg Hoffmann, Göttingen 1938, 91–94. Alle folgenden Zitate daraus.

dieselben Gründe sind, die heute unvermeidlich für eine Distanz zu dem Lied sorgen? Die Einbeziehung der Frage nach dem Kreuz der Frommen kann nur die Leidenden trösten, die in der „väterlichen Züchtigung“ eine überzeugende Begründung für ihr „Kreuz“ finden. Wer das Erziehungsprinzip „Je lieber Kind, je schärfer Rut“ nach Offenbarung 3,19 nicht akzeptieren kann, wird sich auch dann von diesem Bußlied distanzieren, wenn er weiß, dass die Äußerungen in der gestrichenen Strophe 4 (Orig.) auf Augustinus zurückgehen.[6] Das bedeutet freilich nicht, dass die Frage nach dem „Kreuz der Frommen“ sich erledigt hätte, sondern nur, dass sie nicht im Kontext der Bußlehre zu bedenken wäre.

Elke Axmacher

Beim Singen der Schlusszeile der ersten Strophe

mag sich bei manchen die Assoziation einstellen – vielleicht sogar der Wunsch geweckt werden –, mit der zweiten so fortzufahren:

Leider geht das nicht, denn die Melodien von EG 233 und 222 (*Im Frieden dein*) stimmen nur in ihrer Schlusszeile überein. Stattdessen folgt wieder die für eine Dur-Melodie etwas gestaucht wirkende bekannte Weise: Drei Schritte abwärts und auf gleichem Weg wieder zurück:

Doch das ist nicht die ursprüngliche Form, denn der Schöpfer der Melodie hat sie in Moll konzipiert – genauer gesagt: hypodorisch – und dabei entfaltet sie eine ganz andere Wirkung. Christian Gallus, Pastor in Osmünde, gab sie so 1625 in Leipzig als erstes Lied seines Gesangbüchleins „AS HYMNODUS SACER. Zwölff Geistliche/ anmuhtige/ vnd theils newe Gesänge“[7] unter der Überschrift „Ein Bußlied“ zum Druck:

[6] Vgl. den Hinweis in HEKG Sb, 257.

[7] DKL 1625[18]: Die Textunterlegung in der Schlusszeile ist im Druck nicht eindeutig. Denkbar wäre auch ein Melisma nur auf dem Wort *Welt* und *zu finden* syllabisch auf den letzten drei Noten.

Eine Umwandlung nach Dur soll erstmals „in dem Thorner polnischen Kantional des Petrus Artomius vom Jahre 1638“[8] vollzogen worden sein, jedenfalls wird sie in einer Form, die schon weitgehend die heutige EG-Fassung vorwegnimmt, erstmals in einem deutschsprachigen Gesangbuch als Oberstimme eines Kantionalsatzes von Christoph Peter 1655 in Freiberg/Sachsen greifbar.[9] Dur- und Moll-Version führten dann eine Koexistenz bis weit in die zweite Hälfte des 19. Jh. hinein. Zum Beispiel druckte 1730 Georg Philipp Telemann in seinem berühmten „Fast allgemeines Evangelisch-Musicalisches Lieder-Buch“[10] Moll- und Dur-Melodie nacheinander ab, in dieser Reihenfolge und unter einer gemeinsamen Nummer. Dazu konnte man sich weder beim EKG noch beim EG durchringen; vielleicht bei einem zukünftigen Gesangbuch (falls das Lied dort noch enthalten sein sollte)?

Außer dem Wechsel im Tongeschlecht gibt es zwei weitere Unterschiede der heutigen Fassung im Vergleich zur Urform: Die kurzen, quasi jambischen Auftakte der einzelnen Zeilen sind bis auf die zweite Kurzzeile durch lange Werte ersetzt; und das Deklamationstempo, das ursprünglich überwiegend dem Maß der Halbenote entsprach, ist jetzt mehrheitlich an der Viertelnote orientiert. Beides, vor allem aber die geänderten Auftakte, sind als gravierende Eingriffe spürbar. Telemanns eben erwähntes Hamburger Gesangbuch notiert übrigens auch in der Dur-Fassung ausschließlich kurze Zeilenauftakte nach vorangehender Viertelpause.

Immerhin hat die Melodie, so wie sie heute gebräuchlich ist, den Vorteil der leichten Singbarkeit. Außer zwei Terzsprüngen bewegt sie sich in Sekundschritten, die tiefe Lage und bequeme Atemzäsuren zwischen den langen Zeilenend- und -anfangstönen sowie der geringe Ambitus der einzelnen Melodiezeilen ermöglichen ein behagliches Singgefühl, was denn einen gewissen Ausgleich bietet zum Inhalt der gesungenen Worte.

Helmut Lauterwasser

8 Sb, 259.
9 DKL 1655[07]; vgl. die Melodiefassung bei Zahn: Z II,2051.
10 DKL 1730[11], Nr. 133.

246 Ach bleib bei uns, Herr Jesu Christ

(RG 790) (EM 421)

Text

Verfasser Nikolaus Selnecker **Entstehung** s. Kommentar **Vorlagen** Lk 24,29; Psalm 122; s. Kommentar **Quelle** *748 Geistliche Psalmen, Hymnen, Lieder vnd Gebett.* Nürnberg 1611 (DKL 1611[11]) **Überschrift** *Ein anders. Im Thon: Erhalt vns HErr bey deinem Wort* **Ausgabe** W IV,392 **Strophenbau** 7/4a 7/4a 7/4b 7/4b 7/4c 7/4c Frank 7.8 **Abweichungen** 1,4 *erleschen* nicht; 2,4 *rein* behalten; 3,2 wir sind *sicher, arg, faul* und kalt; 3,4 *gib [...]* an *manchem* Ort; 4,1 *nun* bei; nach 4: 5. *Ach Gott, es geht gar übel zu*; 6,2 sondern *ja dein*; 7,4 nichts *anders*, nach 7: 8. *Gib daß wir leben in deim Wort* * RG, EM: 1,4 *er*löschen; nach 1: 3. *Herr Jesu, hilf, dein Kirch erhalt*; 3,2 sind *gar sicher*, träg; nach 3: 2. *In dieser schweren, trüben Zeit*; 5,2 die *mit Gewalt* sich; nach 7: 8. *Hilf Leben uns in deinem Wort* * **Verbindung TM** in der Q ohne N, aber mit Hinweis auf die Melodie (s. Überschrift) * Z I,439 (Altstimme; vgl. DKL III/3, A900 und A900A) * Z I,442 (Hermannsburg 1876) * Z I,613 (DKL 1646[13]) * Z I,614 (DKL 1768[04] * RG: Königsberg 1602/Leipzig 1625 mit 4st. Satz nach Johann Crüger 1656 (DKL III/3, A833) * EM: Johann Eccard 1597/Königsberg 1602/Leipzig 1625 mit 4st. Satz 1953; Alternative: Melodie EM 102 (Bleib bei uns, wenn der Tag entweicht), Seth Calvisius 1594/Gesius 1601

Melodie

s. *Erhalt uns, Herr, bei deinem Wort* (EG 193)

Literatur

HEKG (Nr. 207) III/2, 83-86; I/2, 331-333; Sb, 319-321.488f; HEG II, 213.297f ** ThustB, 238; ThustL I, 431-433; ** KLL (1878-1886) I, 1f; Nelle ([3]1924/1962) Nr. 207; Bruppacher (1953) 381f; DKL (1993-2010) III,3, S. 216 ** BRODDE, Otto/ MÜLLER, Christa: Das Graduallied. München 1954, 55-57 * NELLEG [4]**1962**, 82-84 (bes. 83f) * HOLLIGER, Hans: Aus der Welt des Probebandes. Ach bleib bei uns, Herr Jesu Christ (Probeband Nr. 257), Der evangelische Kirchenchor 53 (**1948**) H. 2, 10-13 * PIPER, Hans-Christoph: Ars moriendi und Kirchenlied, JLH 19 (**1975**) 105-122 (bes. 110) * RÖSSLER, Martin: Bibliographie der deutschen Liedpredigt, Nieuwkoop **1976**, 238 * ELTZ-HOFFMANN, Lieselotte von: Lob Gott getrost mit Singen - Die schönsten Kirchengesangbuchlieder und ihre Dichter, Stuttgart **1980**, 32f * ERB, Jörg: Dichter und Sänger des Kirchenliedes, Bd. II: 21 Verfasser und Tondichter des Kirchenliedes aus der Zeit der Gegenreformation und des beginnenden Dreißigjährigen Krieges, Lahr-Dinglingen [2]**1985**, 23f * HEINER, Wolfgang: Bekannte Lieder - wie sie entstanden, Neuhausen/Stuttgart [3]**1985**, 54 * PARENT, Ulrich: Albert Knapps „Evangelischer Liederschatz" von 1837, Frankfurt am Main u. a. **1987**, 158.200 * SCHNEIDER/ VICKTOR **1993**, 17-20 * FUCHS, Guido: Psalmdeutung im Lied. Die Interpretation der „Feinde" bei Nikolaus Selnecker (1530-1592), Göttingen **1993**, 151-153 * BERNOULLI, Peter Ernst: „Bleibe bei uns, denn es will Abend werden ...". Nachwirkungen von Lukas 24,29 im Kirchenlied, WGB 4, **2001**, 124 * SCHEFFBUCH, Beate und Winrich: Dennoch fröhlich singen. So entstanden bekannte Lieder (Bd. 2) Holzgerlingen ^{2}**2001**, 237–241 (bes. 239f)

Liest man die Strophen dieses Liedes im Zusammenhang, so kann der Eindruck entstehen: Dieser Text ist aus einem Guss! Derselbe Eindruck entsteht auch bei der – im EKG noch abgedruckten – ursprünglich neunstrophigen Fassung, die sich offenbar erstmals im Nürnberger Gesangbuch von 1611 findet.[1] In Wirklichkeit jedoch speist sich der Text, der im EG sieben Strophen umfasst, aus verschiedenen Quellen. Die erste Strophe geht auf ein zweizeiliges lateinisches Gebet von Philipp Melanchthon zurück. Er schrieb es 1551, in der Zeit des Augsburger Interims, als er wegen seiner vermittelnden theologischen Haltung heftigen Anfeindungen durch seine theologischen Gegner ausgesetzt war, die sich selbst „Gnesiolutheraner", „echte" Lutheraner, nannten: *Vespera iam venit. Nobiscum, christe, maneto,/ exstingui lucem nec patiare tuam!* (Schon kommt der Abend. Bleib bei uns, Christus./ Lass nicht zu, dass dein Licht ausgelöscht wird!) Dieses Gebet bezieht sich auf die Situation der Emmausjünger:[2] Sie sind auf dem Weg mit Christus, der ihnen, *angefangen bei Mose und allen Propheten*, ausgelegt hat, *was in der ganzen Schrift von ihm gesagt war*, und der allein weiterginge, wenn er nicht gebeten würde zu bleiben. Wo er gebeten wird, bleibt er und lädt zu Tisch.

Die deutsche Übersetzung des Textes erschien erstmals in einem Druck von 1579 als vierzeilige Strophe: ein für die Situation der Mahlzeit zunächst ziemlich unpassend scheinender Anhang zu dem Tischlied *Danket dem Herrn heut und allezeit* von Nikolaus Herman. (Herman war 1561 gestorben, konnte also kaum der Autor sein.) Diese Zuweisung kam wohl zustande, weil Herman mehrere Texte von Melanchthon aus dem Lateinischen übersetzt hatte[3] – und die Situation der Mahlzeit erinnerte an die Emmausgeschichte.

Die zweite Strophe erschien 1602 in einem Freiberger Gesangbuch zusammen mit der ersten. Auch in späteren Gesangbüchern wird Hermans Name gelegentlich noch mit diesen Strophen in Verbindung gebracht.[4]

Die zweite Strophe ist in ihrer zweiten Hälfte jedoch, wie alle weiteren Strophen des Liedes, vermutlich schon vor 1572 entstanden, spätestens aber 1587 bei Nikolaus Selnecker nachgewiesen. Es ist im Grunde überhaupt nicht einzusehen, warum man bis heute nicht das ganze Lied mit seiner ersten und der ganzen zweiten Strophe Nikolaus Selnecker zuweist. Dieser hat ab 1549 als Student in Melanchthons Haus in Wittenberg gelebt, wurde von ihm vom Jurastudium zur Theologie ‚gelockt' und war Melanchthon bis zu dessen Tode (1560) freundschaftlich verbunden. Es leuchtet ein, dass er, der im Laufe seines

[1] Zum Folgenden vgl. im Einzelnen die Angaben in HEKG III/2, 83f.

[2] Lk 24,13ff.

[3] Vgl. EG 141; 143.

[4] So in: Joh. Martinus Schamelius, Evangelischer Lieder-Commentarius, Worinnen Das Glossirete Naumburgische Gesang-Buch weiter ausgeführet und verbessert wird [...], Leipzig 1724.

Lebens etwa 120 Kirchenlieder und viele Psalmgebete dichtete, das Gebet seines Freundes, das er im gemeinsamen Leben wohl immer wieder hörte, übersetzt und poetisch gefasst haben mag. Wer sonst hätte auf den Gedanken kommen sollen, zu der vorhandenen ersten Strophe, unter Verwendung von zwei Zeilen aus einem Selneckerschen Lied, noch zwei eigene Zeilen hinzuzudichten und sie mit der ersten Strophe zu verbinden? Es sieht doch eher so aus, als habe der Autor selbst das ganze Lied aus verschiedenen eigenen Texten zusammengestellt.

Sicher sind die ersten beiden Strophen zunächst selbständig gewesen: So finden sie sich z. B. noch in Johann Hermann Scheins Leipziger Cantional (1627), mit anschließendem *Amen*, also als Gebetslied. Aber hier steht denn auch als Verfasser: „D.Nicol.Selneccer". Sechs weitere Strophen des späteren Textes bildet das Lied, das bei Wackernagel unter der Überschrift steht: *Gebet vmb erhaltung der Kirche, auß dem 122. Psalm.*[5] Zu diesen sechs Strophen ist noch eine weitere aus einem anderen Liede Selneckers dazugenommen[6] und zwischen der zweiten und dritten eingeschoben worden. So entstand, zusammen mit den beiden Anfangsstrophen, ein neunstrophiges Lied. Auch Johann Caspar Wetzel nennt in seiner Liederhistorie[7] unter den Liedern Selneckers[8] „Ach bleib bei uns (hat 9.Vers)".

Wie Melanchthon, so lebte auch Selnecker in einer Zeit heftigster theologischer Auseinandersetzungen in der evangelischen Theologie, in die er auch persönlich auf bittere Weise verwickelt war: Mehrfach verlor er sein Amt, wurde aber auch wieder eingesetzt, wurde verleumdet und bekämpft, aber auch verehrt und als Schlichter gesucht. Er war beteiligt am Zustandekommen der Konkordienformel und des Konkordienbuches und gab das Augsburger Bekenntnis neu heraus. Er hat in seinem Leben gelernt, wie zerbrechlich, wie grundsätzlich gefährdet die Existenz der Kirche Jesu Christi auf dieser Erde ist und wie sehr sie des Gebetes um ihre Erhaltung bedarf. Er starb als der „unerschütterliche Verteidiger des Vermächtnisses Jesu Christi"[9] und wurde in der Thomaskirche in Leipzig beigesetzt.

Bemerkenswert ist, dass das Lied in der neunstrophigen Form durch die Jahrhunderte hin in vielen Gesangbüchern kontinuierlich und, abgesehen von seltenen sprachlichen Glättungen, unverändert seinen Platz behielt. Lediglich in den ersten Jahrzehnten des 19. Jh. sind die Beispiele spärlicher, und es gibt deutliche Kürzungen. In der zweiten Hälfte des Jahrhunderts erscheint wieder vermehrt die Langform, aber es gibt erstaunlicherweise auch Beispiele für eine

[5] W IV,392. Diese sechs Strophen stehen jedoch noch einmal in einem anderen längeren Liede desselben Autors, W IV,393, an denen sich zeigt, dass er durchaus Strophen aus verschiedenen seiner Dichtungen neu miteinander verbinden konnte.

[6] W IV,391,2: *Ah gott, es ghet gar vbel zu,/ auff dieser erd ist keine rhu:/ Viel Secten und gros Schwermerey / auff einen hauffen kompt herbey.*

[7] Historische Lebensbeschreibung der berühmtesten Lieder-Dichter. Dritter Teil, Herrnstadt 1724.

[8] „ ... welche in dessen Gesangbuch/ed. Leipzig 1587 etc.etc ... stehen".

[9] HEG II, 298.

Wiederbelebung lediglich der ersten beiden Strophen.[10] Dies mag damit zusammenhängen, dass sich mancherorts der Brauch eingebürgert hatte, diese beiden Strophen beim Abendläuten zu beten.[11] In einigen Diakonissenhäusern geschieht das heute noch. Insgesamt findet sich aber in den Gesangbüchern des 19. und des 20. Jh. – bis zum EKG – die neunstrophige Form. Das EG kürzt auf sieben Strophen: Es verzichtet auf die alte fünfte Strophe, die von Sekten und Schwärmern spricht, und auf die ursprüngliche letzte Strophe, die den eschatologischen Ausblick auf den Weg *von hinnen aus dem Jammertal / zu dir in deinen Himmelssaal* vor Augen stellt.

Das Lied beginnt mit einem drängenden *Ach*, das hier nicht mit jenem in Liedern des 18. Jh. geradezu inflationär am Anfang stehenden Ausdruck individueller Empfindung gleichzusetzen ist. Hier geht es nicht um persönliches Gefühl, sondern um einen Affekt, der „nicht irgendwelchen Schmerz darstellt, sondern eine Anfechtung grundsätzlicher Art, die die Menschheit als Ganzes betrifft".[12] Dieser einleitende Affektlaut lässt die Situation der Emmausjünger, denen der Auferstandene zu entschwinden scheint, zur Situation der jeweils heute singenden Gemeinde werden. Der *Abend* ist so nicht mehr nur Tageszeit, sondern prinzipiell zu Ende gehende, ablaufende, letzte Zeit – aber als „Abend" zugleich eine ins Dunkle führende und deswegen *schwere, betrübte* Zeit (Str. 2). Der, der ums *Bleiben* gebeten wird, ist „noch da", und wo Er ist, gibt es sein *göttlich Wort, das helle Licht.*

Höchst lebendig und kunstvoll ist die so verständlich und einfach wirkende Sprache. In immer wieder neuen Bildern entfaltet sich ihre Lust am Aneinanderreihen von Adjektiven (*schwern, betrübten; arg, sicher, träg und kalt* ...) oder Substantiven (*göttlich Wort, das helle Licht; Wort und Sakrament; Glück und Heil; Trug und Mord; Gnad und Huld, Fried, Einigkeit, Mut und Geduld; Sach und Ehr*). Zugleich beeindruckt auch ihre Kunst, Gegensätzliches zueinander in negative oder auch positive Beziehung zu setzen: bei uns ist es *Abend* – das Wort *ist das helle Licht*; wir sind: *arg und träge* (wie die Emmausjünger *trägen Herzens*), aber beim Wort sind: *Glück und Heil*[13]; beim Teufel sind: *Teufels Trug und Mord* – aber bei deiner Kirche: *Fried und Einigkeit; nicht unser* sind *Sach und Ehr – sondern dein.*

Fragt man, auf welche Weise denn das „Bleiben" des Angerufenen gewährleistet ist, so verweist der Text auf das *Wort.* Dieses Motiv begegnet in jeder Strophe (außer der 6.). Die Gegenwart Jesu Christi hängt daran, dass seine Kirche Wort und Sakrament rein behält – noch deutlicher: dass sie bei seinem Wort erhalten wird, wie es unter Zitation der ersten beiden Zeilen von Martin Luthers Lied *Erhalt uns, Herr, bei deinem Wort* heißt (4) und abschließend noch

[10] Hamburg 1846 (Bunsen), Halle 1860.

[11] Koch ³1878, Bd. 8, 534.

[12] Wolfram Mauser, Was ist dies Leben doch? Zum Sonnett *Thränen in schwerer Krankheit* von Andreas Gryphius, in: Volker Meid (Hg.), Gedichte und Interpretationen Band I, Renaissance und Barock, Stuttgart 1982, 225.

[13] Anklang an Ps 122, auf den sich die Überschrift des Liedes bezieht.

einmal erbeten wird (7). *Deine Kirche* (3.4.7) - das sind die Menschen, *die sich auf dich verlassen frei* (6), sie ist also dort, wo Wort und Glauben zusammenfinden. Das ist der Kern der reformatorischen Erkenntnis Martin Luthers. Wie kaum ein anderes Lied entfaltet Selneckers Text diese Erkenntnis als Bitte um Bewahrung dieses Wortes und damit zugleich um Erhaltung der Kirche. Dabei finden sich auch deutliche Anklänge an geprägte Formulierungen Luthers.[14]

Sprechform des Textes ist von Anfang bis Ende das Gebet - eingespannt zwischen die Bitten *Bleib bei uns* (1) und *erhalt uns* (7). Wer so singt und bittet, schließt sich dabei mit anderen zusammen, gehört mit zur Kirche. Aber auch dies steht letzten Endes nicht in eigener Macht: Das *Wort* (Str. 7) ist nicht „kirchliches", sondern *göttlich Wort,* auch nicht „unsre Sache" sondern *unsers Herzens Trutz und deiner Kirche wahrer Schutz* (Str. 7). Vom Herzen ist hier im Singular die Rede: Das Wort sucht zuerst jeweils den einzelnen Menschen - zwar nicht als neuzeitliches Individuum, aber prinzipiell zunächst als Einzelnen. Es ist des *Herzens Freude und Trost* (Jer 15,16) und gerade so sein *Trutz.* Diese Einzelnen, die sich *verlassen frei,* werden zur Kirche, der das Wort ein *wahrer Schutz* ist. Deswegen folgt am Ende noch einmal die dringliche Bitte: *Dabei erhalt uns, lieber Herr.* Sein Bleiben, das am Anfang erbeten wird, ist die Voraussetzung dafür.

Die Rubrizierung des Liedes wird in den Gesangbüchern weithin davon bestimmt, welcher Einzelaspekt als besonders wichtig erscheint. Das ist in allen Jahrhunderten überwiegend das Thema Kirche, Wort Gottes, Gnadenmittel. Gelegentlich erscheinen speziellere Themen als Rubrik: Catechismuslieder[15], Bet-, Klag- und Bußlieder[16], Die christliche Kirche und ihre Ausbreitung/Mission[17], Osterlieder[18]. Manche Gesangbücher weisen in Registern dem Lied einen Ort in bestimmten Gottesdiensten zu. So wird es mehrmals dem 2. Ostertag zugeordnet, dem die Emmausgeschichte als Evangelium verbunden ist, oder dem Sonntag Sexagesimae, zu dem das Gleichnis vom Samen des Wortes Gottes (Lk 8,4–15) gehört. Im Husumer Gesangbuch (1678) gehört es zu den zwölf Liedern, die in den täglichen Betstunden nach dem Segen zur Auswahl stehen.

Unabhängig von allen möglichen verordneten Zuweisungen hat das Lied auch noch einen ganz anderen Ort gefunden:[19] Das *Manuale De praeparatione ad Mortem*, das 1593 in Görlitz erschien, stellte zum ersten Mal eine Sammlung von wohl überwiegend schon bekannten Liedern vor, die einen fest umrissenen Platz in der Ars moriendi zugewiesen bekamen. Am Ende[20] werden aufgezählt „etliche kurze(n) Seufftzen, die man gebrauchen mag, wenn der Kranke sehr schwach ist, wenig odem hat, Nicht reden kan, sonderlich solche Wörtlein, damit einer seine Seele Gott befehlen sol."

[14] Vgl. im Einzelnen HEKG I/2, 333.
[15] Stuttgart 1750.
[16] Darmstadt 1687.
[17] Greifswald 1866.
[18] Nassau-Saarbrücken-Usingen 1751.
[19] Zum Folgenden Piper, 105–122.
[20] Ebd., 110.

Dabei sind Liedstrophen aufgeführt, darunter auch *Ach bleib bey uns, Herr Jesu Christ,/ dieweils nu Abend worden ist.* Hier wird es sich wohl um die alte erste Strophe des Liedes handeln, die auf Melanchthons lateinisches Gebet zurückgeht und vom „Abend" singt. Hat sie sich in 14 Jahren so schnell verbreitet? Oder war sie schon vor 1579 einmal im Druck erschienen?

Der Liedtext ist im Lauf der Zeit mit vielen verschiedenen Melodien verbunden worden. Ihre große Zahl überrascht. Am Anfang steht die Verbindung der alleinstehenden ersten, dann auch der später dazugekommenen zweiten Strophe, mit Hermans Tischlied *Danket dem Herrn heut und allzeit.*[21] Jene Melodie erfuhr später eine Bearbeitung und war dann auch mit der inzwischen neunstrophigen Fassung des Textes verbunden.[22]

Entscheidend für die jeweilige Zuweisung war wohl, welchen Aspekt des Textes man für den prägenden hielt. Da dies in der Mehrzahl der Fälle die Bitte um die Erhaltung der Kirche und des Wortes Gottes war, wählte man häufig die Melodie von *Erhalt uns, Herr, bei deinem Wort.* Aber man konnte sich auch in unterschiedlicher Hinsicht für das Licht-Motiv entscheiden: Ging man z. B. von der abendlichen Situation aus, wählte man *Christ, der du bist der helle Tag*[23]; oder man akzentuierte Christus als das Licht für alle und entschied sich für das in hellem D-Dur stehende *O Jesu Christ, meins Lebens Licht*[24]. Vielleicht erschien auch *Erhalt uns, Herr* manchem als für die neun Strophen auf Dauer zu schwergewichtig. So wird gelegentlich auch *Herr Jesu Christ, dich zu uns wend* verwendet[25], eine Melodie, die dem Gestus der Bitte in rhythmisch lebendiger Weise und im hellen Sechstonraum über dem Grundton Raum schafft.

Bei Johann Sebastian Bach erscheint in der Kantate Nr. 6 zum Zweiten Ostertag[26] als dritter Satz[27] die alte erste Strophe des Liedes: Sie wird vom Sopran unverziert vorgetragen (umspielt von einem Obligat-Instrument) in jener Fassung, die aus der alten Melodie von Herman erwachsen war[28]. Diese Melodie-Fassung hat ein Nachleben eigener Art gehabt: In Bachs Choralgesängen findet sich ein vierstimmiger Satz zur Melodie (BWV 414), im Sopran nun mit der heute bekannten Melodieführung, die gegenüber der o. g. Kantate etwas aufgelockert ist. Dieser Satz aber ist jetzt mit dem Text des Weihnachtsliedes *Uns ist ein Kindlein heut geborn* verbunden und ist durch die Wiederholung der ersten beiden Zeilen zu einer sechszeiligen Strophe ausgebaut. 1932 erscheint

21 Z I,439.

22 Z. B. Darmstadt 1687, aber auch noch Magdeburg 1886.

23 Magdeburg 1726.

24 Z I,533a; so noch DEG Frankfurt 1927; heute wieder im Gesangbuch der Evangelisch-methodistischen Kirche; der Satz von J.S. Bach findet sich in demselben Gesangbuch bei dem Abendlied *Bleib' bei uns, wenn der Tag entweicht,* nimmt also die ursprüngliche Situation des Liedtextes auf.

25 Porst Berlin 1778.

26 Bleib bei uns, denn es will Abend werden, BWV 6.

27 Er erscheint als Orgeltranskription in den „Schübler-Chorälen" BWV 649.

28 Siehe Anm. 21.

dieser Text mit dieser Melodie in der Sammlung „Das Weihnachtslied" von Wilhelm Thomas, und die Herausgeber des im 20. Jh. so weit verbreiteten Chorgesangbuchs, des „Gölz"[29], nahmen ihn mit dem Bachschen Kirchenliedsatz auf. Merkwürdige Wege geht das Kirchenlied. Niemand, der diesen beliebten Weihnachtsliedsatz heute singt, wird einen Gedanken auf die drängende Notsituation der Kirche verschwenden, mit der diese Melodie über viele Generationen hinweg eindeutig verbunden war.

Es ist reizvoll, einmal darüber zu fantasieren, wieso Bach auf die Idee kam, die Melodie zu *Ach bleib bei uns, Herr Jesu Christ* aus seiner Osterkantate plötzlich mit einem in vierstimmigem Satz gefassten Lied auf das „uns heut gebor'ne Kindlein" zu verbinden. War das nur die Idee, dass dieser Satz in hellem A-Dur und die durch die Achtelverbindungen eher leichtfüßig gewordene Melodie auch gut zu einem Weihnachtstext ‚passen' könnte? Aber warum musste dann das jeweils erste Melodiezeilenpaar jeder Strophe wiederholt gesungen werden? Jedenfalls ‚antworten' Melodie und Satz dieses Weihnachtsliedes in gewisser Weise auf die Bitte des alten Selnecker-Liedes: Sie zeigen, dass die sich wiederholende lobpreisende Botschaft vom Kommen Christi in unsere Welt auch eine Weise seines „Bei-uns-Bleibens" ist.

Das Lied Selneckers hat im Kirchenkampf der Bekennenden Kirche eine wichtige Rolle gespielt.[30] Es ist nachweislich in vielen Versammlungen gesungen worden, auch weit über 1934 hinaus. Die Sorge um die Reinhaltung des biblischen Zeugnisses und die gefährdete Freiheit der Kirche verliehen dem Lied – das mit dem klagenden *Ach*-Ruf beginnt – konfessorischen Charakter. Vielleicht entstand im „Windschatten" dieses Liedes im Jahre 1935 auch der Kanon *Herr, bleibe bei uns* (EG 483).

Und heute? Man hat nicht den Eindruck, dass sich die evangelische Kirche gerade im Kampf um das Wort Gottes befindet. Sie ist eher im Kampf mit dem demographischen Wandel, den schwindenden Ressourcen und einem eher lautlosen Abwandern aus der Kirche. Sie sucht ihren Platz in einer rasant sich wandelnden Kultur.

Dieses Lied aber bittet Christus um sein Bleiben. Wenn dieses Gebet verstummt, wird er vielleicht weitergehen.

Christa Reich

[29] Richard Gölz (Hg.), Chorgesangbuch. Geistliche Gesänge für ein bis fünf Stimmen, Kassel 1934.

[30] Vgl. Matthias Biermann, „Das Wort sie sollen lassen stahn …". Das Kirchenlied im ‚Kirchenkampf' der evangelischen Kirche 1933–1945, Göttingen 2011, 93–95.

271 Wie herrlich gibst du, Herr, dich zu erkennen

EG 271ö RG 7ö (RG 1, 354) CG 772ö (EM 266)

Text

Verfasser Wilhelm Vischer **Entstehung** 1944 im Vorfeld des RKG (1952) entstanden **Vorlagen** Ps 8 (Str. 1–5); Röm 8,19–33 (Str. 6); Phil 2,6–11 (Str. 7.8) **Quelle** *Psalmen, Lobgesänge und geistliche Lieder der Christenheit, neu bearbeitet von Wilhelm Vischer, mehrstimmig gesetzt von Ina Lohr, Trudi Sutter und Lili Wieruszowski,* Zürich o. J. [1944] **Überschrift** *Der 8. Psalm* **Strophenbau** A11/5a- A11/5a- A10/5b A10/5b **Abweichungen** 3,2 *zu Sonn und Mond;* 3,4 ihm *Achtung* **Verbindung TM** wie EG

Melodie

Incipit 1_3b_4_5_8_7b657b6_5_ **Entstehung** Genfer Weise zu Ps 8 **Vorlage** *O Seigneur Dieu, nostre Dieu amiable* (Text: Clément Marot, Melodie: Guillaume Franc) in: *La forme des prières et chants ecclésiastiques,* Genève 1542 **Quellen** (a) *O Nostre Dieu, Seigneur amiable* (Bearb. der Melodie: Loys Bourgeois) in: *Pseavmes octantetrois de Dauid,* Genf 1551 * (b) *Herr, unser Gott und Herrscher alles mächtig* (Paul Melissus Schede) in: *Di Psalmen Davids,* Heidelberg 1572 (DKL 1572[04]) * (c) *O höchster Gott, o unser lieber Herre* (Ambrosius Lobwasser) in: *Der Psalter dess königlichen Propheten Dauids,* Leipzig 1573 (DKL 1573[03]) * (d) s. Text **Ausgaben** DKL III/2 Fa8 (Quelle b und c); Z I,923; Pidoux 8b (Vorlage) und 8c (Quelle a); Ludwig Schoeberlein, Schatz des liturgischen Chor- und Gemeindegesangs nebst den Altarweisen in der deutschen evangelischen Kirche aus den Quellen vornehmlich des 16. und 17. Jahrhunderts geschöpft. Dritte Abteilung: Die besonderen kirchlichen Handlungen, Göttingen 1872, Nr. 483a (4st. S von C. Goudimel) **Ambitus** G: 9; Z: 877b8 **Abweichungen** Quelle (a–c) in d, d. h. Septime tiefer, Tenor eines 4st. Satzes; (d) mit 3st. Satz (Lili Wieruszowski) * EM: mit 4st. Satz (Claude Goudimel 1565/ Lili Wieruszowski 1952) **Verbindung MT** *Herr, unser Gott und Herrscher alles mächtig* (s. Quellen); *O höchster Gott, o unser lieber Herre* (Quellen) * *Gott Vater, dir sei Dank gesagt und Ehre* (EG 160, RG 354); *Hoch hebt den Herrn mein Herz und meine Seele* (EG 309, RG 1, KG 745); *Gott rufet noch. Sollt ich nicht endlich hören* (EG 392; EM 266); *Die Sonn hat sich mit ihrem Glanz gewendet* (EG 476); *Der Tag ist hin; mein Jesus, bei mir bleibe* (RG 596)

Literatur

HEG II, 52f.92f ** ÖLK Lfg. 2; ThustB, 250f ** Bruppacher (1953) 5; NSKA (1971) 3, Nr. 9; MöllerQ (2000) 112 (Faks von Ps 8 nach DKL Kant Herb 1666) ** VISCHER, Wilhelm: Psalmen ausgelegt für die Gemeinde, Basel **1944**, 30–38 * GUTKNECHT, Dieter: Untersuchungen zur Melodik des Hugenottenpsalters, Regensburg **1972**, 67 * AESCHBACHER, Gerhard: Über den Zusammenhang von Versstruktur, Strophenform und rhythmischer Gestalt der Genfer Psalmlieder, JLH 31 (**1987/88**) 53–71, bes. 57f * MARTI, Andreas: Gut gemeint – zu wenig bedacht. Zu einer Textvariante im Psalmlied „Wie herrlich gibst du, Herr, dich zu erkennen“, NSK **1988**/2, 32 * BERNOULLI, Hans: Portrait Wilhelm Vischer, NSK **1995**/2, 12–16 * STEFAN, Hans-Jürg:

Psalmengesang der reformierten Kirchen. ‚Genfer Psalter' oder ‚Hugenotten-Psalter', WEG IV, Göttingen **1997**, 20–29, bes. 23 * MAGER, Inge: Zur vergessenen Problematik des Psalmliedes im 16. und 17. Jahrhundert, JLH 37 (**1998**) 139–149 * VRIES, Sytze de: Was ist der Mensch, daß du seiner gedenkst? GAGF 32 (**1998**) 11–30, bes. 22f * KUNZ, Ralph: Vischers Psalmbereimungen. Das Christuszeugnis des Psalters, in: Peter Ernst Bernoulli/ Frieder Furler (Hg.): Der Genfer Psalter. Eine Entdeckungsreise, Zürich **2001**, 191–198 (²2005, 215–223) * MARTI, Andreas: Aspekte einer hymnologischen Melodieanalyse, JLH 40 (**2001**) 147–173, bes. 165–173 * HENKYS, Jürgen: Gottesname und Menschenwürde. Psalm 8 in deutschen Liedern, GAGF 22 (2/**2008**) 62–73

Im Vorfeld der Erarbeitung des ersten allen Evangelisch-reformierten Kirchen der deutschsprachigen Schweiz gemeinsamen Kirchengesangbuches (RKG 1952) hatte sich in Basel eine fruchtbare Zusammenarbeit zwischen dem Alttestamentler Wilhelm Vischer, Ina Lohr, der Dozentin für Kirchenmusik an der Schola Cantorum Basiliensis, und den Musikerinnen Lili Wieruszowski[1] und Trudi Sutter ergeben. Dieses Team erarbeitete unter dem Titel „Psalmen, Lobgesänge und geistliche Lieder" (Zürich 1944 bis 1946) acht Liederhefte, welche zur Wiedergewinnung reformatorischer Kernlieder, insbesondere einiger Genfer Psalmen beitrugen. Von den damals sieben Psalmen, die Wilhelm Vischer (1895–1988) und Lili Wieruszowski (1899–1971) auf Genfer Melodien neu bereimten, wurden sechs in das RKG 1952 und neuerdings wieder in das RG 1998 aufgenommen: Psalm 5 (RG 5), Psalm 8 (RG 7ö), Psalm 22 (RG 14), Psalm 107 (RG 67), Psalm 121 (RG 78) und Psalm 126 (RG 80). Von diesen sechs Psalmliedern gehört *Wie herrlich gibst du, Herr, dich zu erkennen* heute zum ökumenischen Liedgut: seit 1973 durch „Gemeinsame Kirchenlieder" (GKL 42) und seit 1997 durch „Unisono. Ökumenische mehrsprachige Lieder der Christenheit" (Nr. 71). Zu Psalm 8 wird im EG (Nr. 270) und im KG (Nr. 576) das Lied *Herr, unser Herrscher, wie herrlich bist du* mit einer Melodie von Johannes Petzold aus dem Jahre 1975 angeboten.

Der diesem Lied zu Grunde liegende achte Psalm (vgl. EG 705, KG 793.1, RG 107/108) bildet im ersten Buch des hebräischen Psalters innerhalb der „planvoll angelegten und motivgeschichtlich verwobenen"[2] Teilkomposition der Davidspsalmen 3–14 die theozentrische Mitte, die hymnische Antwort auf Klagen und Bitten Einzelner. Deren Nöte werden in den vorausgehenden Psalmen 3–7 konkret benannt: Verfolgung, Armut, falsche Anklage, Krankheit, Todesnot. Die nachfolgenden Psalmen 9–14 beinhalten Klagen und Bitten der radikal

[1] Lili Wieruszowski, Kirchenmusikerin, Musikpädagogin, Organistin, Komponistin, Psalmliedautorin (Ps 5, 107 u. a.), fand 1933 als Entrechtete und Verfolgte nach ihrer Flucht von Berlin in die Schweiz, „ohne feste Arbeit und ständig von der Ausweisung bedroht", ihr „Zuhause" im Hugenottenpsalter: Peter E. Bernoulli, Lili Wieruszowski (1899–1971), Der Genfer Psalter als neue Heimat, in: Bernoulli/Furler ²2005. Ihre Aufsätze zur Entstehungs- und Rezeptionsgeschichte des reformierten Psalters sind greifbar in der von P. E. Bernoulli mit Anmerkungen angereicherten Neuausgabe: Lili Wieruszowski, Der reformierte Psalter: http://www.skgb.ch/wa_files/art_wieru.pdf.

[2] Erich Zenger, Einleitung in das Alte Testament, Stuttgart 1995, 245.

bedrohten sozialen Gruppe der „Armen“. Diese setzen ihre Hoffnung auf den Schöpfer der Welt, der dem Chaos und dem Unrecht wehrt. In der Mitte dieser „Landschaft von Schreien“ (Nelly Sachs) rühmt der 8. Psalm die Größe des Ewigen, die darin besteht, dass er die Not der Kleingemachten wahrnimmt und ihre Menschenwürde wieder herstellt.

Psalm 8 als solcher ist klar gebaut: Den Rahmen bildet der Kehrvers *Herr, unser Herrscher, wie herrlich ist dein Name in allen Landen* (Luther 1984/Zürich 2007; Einheitsübersetzung: *auf der ganzen Erde*). Gemäß einem neueren Vorschlag besteht der Hauptteil des Psalms aus zwei Teilen, Frage (V. 4–6) und Antwort (V. 7–9); beide Teile werden mit demselben Motiv eingeleitet *Werke deiner Finger* (V. 4a), *Werke deiner Hände* (V. 7a). Unklar bleibt bis heute die spät eingefügte Passage Vers 2c.3. Die Interpretation der Aussage von 2c, dass der Name Gottes den himmlischen Lichtglanz Gottes widerspiegle, entspricht einem Motiv frühjüdischer Theologie.[3] Dieser Teilvers bildet einen Anknüpfungspunkt für die von Wilhelm Vischer in den Liedstrophen 2 und 6–8 ausgezogenen Linien zum Neuen Testament.[4]

Die zweite Aussage des Einschubs besagt, dass Gottes kraftvoller Name *aus dem Munde von Kindern und Säuglingen* (V. 3) ein Bollwerk bilde. Diese im hebräischen Text verderbte Stelle deutet Zenger metaphorisch: „Die ‚Kinder und Säuglinge‘ sind keine schreienden oder betenden Kleinkinder (*Kindermund tut Gottes Allmacht kund*), auch nicht die Babies im Kreißsaal, deren erster Urschrei das Geheimnis des Leben gebenden Schöpfergottes verkündet. Das Oppositionspaar ‚Kinder – Feinde‘ legt vielmehr nahe, in den ‚Kindern und Säuglingen‘ eine Metapher für das leidende, verspottete und bedrängte Gottesvolk zu sehen.“[5]

Auf eine Eigenart der von Wilhelm Vischer geschaffenen Psalmlieder sei an dieser Stelle hingewiesen: Seiner bibeltheologischen Konzeption[6] entsprechend lässt er seine Psalmbereimungen gelegentlich in explizite neutestamentliche Bezüge münden, so z. B. in den Psalmen 22 (RG 14,4.5–8) oder 121 (RG 78,4). Dazu gibt es gewisse Anhaltspunkte im Genfer Psalter 1562 selber, zwar nicht in den Psalmparaphrasen, jedoch in den vorangestellten, für das Verständnis der Liedpsalmen wegweisenden Summarien (frz. *arguments*) (z. B. Ps 22: *Prophetie de Iesus Christ, en laquelle David chante, d'entree sa basse & honteuse deiection: puis exaltation & l'estendue de son royaume iusques aux fins de la terre & la perpetuelle duree d'iceiuy).*[7] Zudem berechtigen zahlreiche Zitate aus der

[3] Erich Zenger, Die Nacht wird leuchten wie der Tag. Psalmauslegungen, Freiburg i. Br. 1997, 201–211, bes. 201.

[4] AaO., 211: „Diese Glosse [V. 2c] könnte auch den Einstiegspunkt dafür bieten, unseren Psalm christologisch zu interpretieren und zu beten (vgl. Mt 21,15f; 1. Kor 15,27; Eph 1,22; Hebr 2,6–9)“.

[5] AaO., 208f. Ebenso, mit breiteren Begründungen, in: Frank-Lothar Hossfeld/ Erich Zenger: Die Psalmen I. Psalm 1–50. Die Neue Echter Bibel. Kommentar zum AT mit der Einheitsübersetzung, Würzburg 1993, 79.

[6] Siehe Wilhelm Vischer, „Das Christuszeugnis des Alten Testaments“, Bd. I, 1934, [2]1946; Bd. II, 1942,[2]1946. Dazu ausführlich: Stefan Felber, Wilhelm Vischer als Ausleger der Heiligen Schrift. Eine Untersuchung zum Christuszeugnis des Alten Testaments, Göttingen 1999, 356–398.

[7] Clément Marot/ Théodore de Bèze, Les Psaumes en vers Français avec leurs mélodies, Facsi-

Hebräischen Bibel im Neuen Testament durchaus dazu, die Linie von Psalm 8 zu Römer 8, Philipper 2 usw. auszuziehen. Vischers Bereimung greift ja nicht in den Psalmtext ein, sondern fügt die neutestamentlichen Entsprechungen in zusätzlichen Strophen an. Allerdings gibt der reformierte Theologe und Psalmlied-Dichter Hans Bernoulli (1918–2012), der als Student die Vorlesungen von Wilhelm Vischer miterlebt hatte, zu bedenken: „Dass diese Vereinnahmung ersttestamentlicher Texte durch die Christenheit in der jüdischen Gemeinde nicht überall gern gesehen wird, braucht uns nicht zu wundern. [...] Heute sind wir hellhöriger geworden für die berechtigten Forderungen unserer israelitischen Brüder und Schwestern und werden bei neueren Psalmenbereimungen nach Möglichkeit darauf Rücksicht nehmen." Michel Bollag, ein namhafter Vertreter der Israelitischen Cultusgemeinde in Zürich,[8] bemerkt dazu grundsätzlich: „Die Frage der Legitimität christlicher Glaubensbekenntnisse in liturgischen Texten kann heute, 50 Jahre nach der Schoa, von ihrer verheerenden Wirkungsgeschichte nicht mehr losgelöst werden. Es geht, so denke ich, darum, bei den Gläubigen ein religiöses Bewusstsein zu fördern, welches die religiösen Bekenntnisse des Andern nicht ausschließt, sondern als ebenso legitime Frucht von hermeneutischen Vorgängen neben den eigenen stehen lassen kann. Dazu ist ein Umkehr- und Lernprozess notwendig, der parallel zum Bekennen und Singen in der Kirche laufen muss. Damit die in Psalm 8 ausgedrückte Hoffnung, ‚dass du zum Schweigen bringest den Feind und den Rachgierigen' mehr Wirklichkeit als frommer Spruch werde."[9]

Im Übrigen gebührt allen von Wilhelm Vischer nach Psalmen geschaffenen Bereimungen das Gütesiegel der klassischen Genfer Psalmen: „vérité hébraique" (größtmögliche Treue gegenüber der hebräischen Vorlage). Das zeigt ein Vergleich mit dem Psalmtext in deutschen Bibelübersetzungen (Zürich/Luther 84), wobei Vischer den hebräischen Urtext jederzeit präsent hatte. Die aus biblischen Bezügen gewonnene Textkomposition macht die christologische Perspektive der hier wirksamen alttestamentlichen Theologie sichtbar: Vischer nimmt zu Beginn des Liedes den Rahmenvers Psalm 8,2, angereichert mit Anspielungen an eine verwandte Passage aus Psalm 19,2–5b, auf und folgt bis und mit Str. 5 den Hauptgedanken des Psalms. In den Strophen 6 bis 8 werden Kerntexte aus den Paulusbriefen an die Römer und an die Philipper integriert. Die achte Strophe verbindet den doxologischen Schluss des Christushymnus (Phil 2,10f) mit dem abschließenden Rahmenvers des achten Psalms (V. 10).

Im jüdisch-christlichen Dialog gibt diese Deutung Anlass zur notwendigen Auseinandersetzung mit unterschiedlichen jüdischen und christlichen Psalmin-

milé de l'édition genevoise de Michel Blanchier, 1562, publié avec une introduction de Pierre Pidoux, Droz, Genève 1986 (Blanchier-Psalter), 62.

[8] Michel Bollag, geb. 1952, seit 2001 Co-Leiter und Fachreferent Judentum am Zürcher Lehrhaus, war von 1981–1991 Rektor der Religionsschule und später Rabbinatsassistent an der Israelitischen Cultusgemeinde Zürich.

[9] Michel Bollag, Jüdische Anmerkungen zu „Wie herrlich gibst du, Herr, dich zu erkennen", NSK 2/1995, 16. Vgl. Kunz 2001, 215–223.

terpretationen, stellt doch Psalm 8 „neben der Imago-Dei-Stelle Gen 1,26f und der jahwistischen Grundstelle Gen 2,7 [...] die zentralste Aussage des Alten Testaments über die Bestimmung der Menschen" dar.[10] Angeführt sei hier eine weitere Bemerkung des oben bereits erwähnten jüdischen Theologen Michel Bollag: „Die Erfahrungen der ersten Christen waren durch das Leben und Sterben Jesu geprägt. Diese Erfahrung versuchten sie mittels biblischer und anderer jüdischer Texte zu deuten. Alle spätere christliche Exegese ist ein Überbau dieses hermeneutischen Vorgangs. Andere Erfahrungen als die durch Jesus geprägten führen zu andern Interpretationen. Christliche Erweiterungen ersttestamentlicher Texte, insbesondere der Psalmen, sind eine mögliche Anwendung des Psalms. Neben ihr bleiben andere Interpretationen vollumfänglich bestehen."[11]

Mit Strophe 1 beginnt die singende Gemeinde ihr Staunen über Gottes Herrlichkeit auszurufen und von Strophe zu Strophe zu steigern. Sie stimmt in den Wechselgesang zwischen Himmel und Erde ein, in den Zusammenklang alles Geschaffenen, worin Gott seinen Namen, sein innerstes Wesen, kundgibt (Str. 1). Dieses bekundet sich in seiner Solidarität mit den Kleinen und Geringsten.

Auf diese lenkt Strophe 2 die Aufmerksamkeit, auf die *Unmündigen* und *Säuglinge* (ursprünglich Metapher für die in den Psalmen 3–14 Klagenden und Bittenden). Ihnen, die Gott in ihrer Ohnmacht nur mit unverständlichem Lallen preisen, wendet er sich zu. Hier ist unüberhörbar die Linie zu einem Lobspruch Jesu ausgezogen: *Ich preise dich, Vater, Herr des Himmels und der Erde, dass du dies vor den Weisen und Verständigen verborgen und es Unmündigen geoffenbart hast* (Mt 11,25).

Die Strophen 3[12] und 4 steigern auf dem Hintergrund des wunderbar geordneten Makrokosmos das Staunen über Gottes Interesse am scheinbar bedeutungslosen Menschenkind: *Was ist das Menschlein, dass du sein gedenkst ...* (Martin Buber) und dass du ausgerechnet dieses winzige Menschlein mit gottähnlicher Berufung krönst, mit der Verantwortung über alles Geschaffene?

In Strophe 5 werden, ausgehend vom ursprünglich kleinbäuerlichen Zusammenleben (*Schafe, Rinder*), die Verantwortungsbereiche in immer weiteren Kreisen benannt: wilde Tiere, Vögel, Fische, Meeresgetier. An dieser Stelle schlägt das Staunen um in tiefes Erschrecken über den offensichtlichen Widerspruch zwischen der hohen Berufung des Menschen und seiner schuldhaften Verstrickung und schändlichen (Selbst-)Versklavung.

Strophe 6 beginnt mit dem an das Seufzen der Schöpfung (Röm 8,19–30) anknüpfenden Seufzer *Doch ach ...* über die Tatsache, dass der Mensch von allen Lebewesen *am tiefsten in die Schuld und Schand gefallen* ist. Konkret heißt

[10] Klaus Seybold, Die Psalmen. Eine Einführung, Stuttgart (1986) ^{2}1991, 125. – Michaela Bauks/ Kathrin Liess/ Peter Riede (Hg.), Was ist der Mensch, dass du seiner gedenkst? (Psalm 8,5). Aspekte einer theologischen Anthropologie, FS für Bernd Janowski zum 65. Geburtstag, Neukirchen-Vluyn 2008.

[11] Bollag, ebd., vgl. Anm. 9.

[12] Die erste Fassung (1944) lautete in Str. 3,2 *zu Sonn und Mond*, in 3,4 *Achtung* statt *Liebe*.

das heute: Statt die ihm anvertraute Natur zu *bebauen und zu bewahren* (1. Mose 2,15), beutet er sie grenzenlos aus und zerstört die elementaren Lebensgrundlagen. Statt zukunftsverträgliche Entwicklungen zu fördern, hinterlässt er Abfallberge, welche die Existenz künftiger Generationen bedrohen. Statt Schwächste und Kleinste zu respektieren, überrollt er diese mit unumkehrbaren globalen Entwicklungen, die sich als katastrophal erweisen. „Er hat seine Herrschaft über die Natur, die ihm von Gott aufgetragen ist, in einer Art und Weise ausgeübt, die ihn offensichtlich zum Sklaven seiner Herrschaftsversuche gemacht hat. ‚Statt Herr ist er der Sklave der Natur' [Str. 6,3] - knapper und prägnanter lässt sich das nicht in Worte fassen."[13]

In Strophe 7 wird mit Bezug auf den Christushymnus (Phil 2,6–11) das Gegenbild gezeichnet: Im Leben, Sterben und Auferstehen Jesu ist vorgezeichnet, was menschliches Herrschen bedeuten würde: Hinuntersteigen vom hohen Thron, wirklich Mensch werden, Verantwortung tragen für die Mitgeschöpfe, ihnen geschwisterlich verbunden bleiben, im Extremfall bereit sein, das Leben für andere einzusetzen, und so Hoffnung zu stiften wider Gottvergessenheit und Menschenverachtung. Mit dieser Zukunftsperspektive schließt Str. 8 das Lied lobpreisend ab. Der zu Beginn respektvoll angedeutete „Name Gottes" wird jetzt in der Person Jesus Christus konkretisiert. Dieser abschließende Lobpreis verbindet den Lobpreis des Christushymnus aus Philipper 2 mit dem Rahmenvers Psalm 8,2 bzw. 8,10.

Die 1542 von Guillaume Franc (um 1505–1570) zu Clément Marots Bereimung des 8. Psalms[14] geschaffene und 1551 von Loys Bourgeois (um 1510 - nach 1561) optimierte Melodie gehört zu den Meisterstücken ihrer Art, weist jedoch gegenüber den sonst üblichen Merkmalen der Genfer Melodien bemerkenswerte Besonderheiten auf:[15] Mit den übrigen Genfer Melodien gemeinsam ist die Beschränkung auf zwei Grundwerte (in heutiger Notation Halbe und Viertel; diese entsprechen, wie in humanistischen Odenvertonungen, den langen und kurzen Silben antiker Metrik). Auffallenderweise beginnt die Melodie im Aufstieg vom Grundton in die Oktave in weit ausladendem Gestus mit fünf langen Noten. Im Übergang von der dritten zur vierten Zeile wird auf die sonst übliche ausgewogene Struktur ‚Halbe als Schlussnote - Zeilenendpause - Halbe als Anfangsnote' verzichtet. Dadurch werden die Zeilen 3 und 4 zu einem größeren Spannungsbogen verknüpft.

Wie sorgfältig die Genfer Kantoren die Qualitäten der Psalmbereimung respektierten (Strophenbau, Reimstellung, Gesamtaussage des Psalms), zeigt die Unverwechselbarkeit auch dieser Melodie. Ihre Anpassung an den Text wurde

[13] Marti 1988, 135f.

[14] Marots Text wurde 1541 in Antwerpen gedruckt und erschien im Jahre 1542 gleich in zwei Gesangbüchern, in Genf und in Straßburg; dort allerdings mit einer anderen Melodie (vgl. Pidoux 1962, Vol. 1, 12, Nr. 8a).

[15] Pierre Pidoux, Vom Ursprung der Genfer Psalmweisen, MGD 38 (1984) 45–63. Eine exemplarische Analyse der Melodien von Psalm 5 und Psalm 8 liegt vor bei Marti 2001, 165–173.

Psalm 8, aus Clément Marot et Théodore de Bèze: Les Psaumes en vers français avec leurs mélodies. (Faksimile der Ausgabe von Michel Blanchier 1562, mit einer Einleitung hg. von Pierre Pidoux, Genf 1986, 21.) Man beachte, dass jeder Note die Solmisations-Bezeichnung beigegeben ist – der Genfer Psalter als Beitrag zur „musikalischen Alphabetisierung der singenden Gemeinde"!

sukzessive optimiert.[16] Dies geschah jedoch nicht in der uns vertrauten Art späterer Melodietypen, die den zugrundeliegenden Text mit musikalischen Mitteln „auslegen" oder gar in Details motivsymbolisch abbilden. Wie in andern Fällen vermag auch diese Genfer Melodie kraft ihrer Qualitäten unterschiedliche Texte zu tragen (s. Hymnologische Nachweise).

Den reformierten Gemeinden des 16. und 17. Jh. war der majestätisch-herbe dorische Kirchenton im Kontext der damals noch lebendigen Vielfalt der Kirchentonarten durchaus vertraut. Heute mag die vorliegende Melodie (c-dorisch) vorerst fremd anmuten, da unsere Hörgewohnheiten durch die Dur-Moll-Tonalität geprägt und eingeengt sind. Spannend ist es allerdings, den charakteristischen Merkmalen dieser dorischen Melodie nachzuspüren:

Je nach melodischem Zusammenhang (Funktion) kann im Dorischen die VI. Stufe (*a*) einen halben Ton erniedrigt erscheinen. Die Melodisten des Genfer Psalters wussten den Farbenreichtum der damals verfügbaren Sechston-Skalen[17]

[16] Die Entwicklung lässt sich verfolgen: Pidoux 1962, Vol. 1, 12f und Ders., Franc, Bourgeois, Davantès: Leur contribution à la création des mélodies du Psautier de Genève, masch. Genève 1993, 77.

[17] Der Tonraum wurde von den mittelalterlichen Theoretikern in drei ineinander verschränkte Hexachorde (Sechstonräume) gegliedert, die auf den Tönen *C*, *F* oder *G* aufbauten; der Ton *B* kam sowohl in hoher Lage (unser Ton *h*) als auch in tiefer Lage vor (unser Ton *b*), je nachdem, ob das Hexachord auf *G* oder auf *F* stand (Hexachordum durum bzw. Hexachordum molle). Die Melodieabschnitte wurden gemäß ihrer Lage in den Hexachorden mit den Solmisationssilben *ut-re-mi-fa-so-la* versehen, wobei jedes Hexachord auf der Silbe *ut* begann. Ein Halbton war nur möglich als Schritt *mi-fa*; entsprechend wechselte („mutierte") man bei Bedarf von einem Hexachord ins andere. Wurde ein Hexachord nur um einen einzigen Ton überschritten, stand dieser als Halbton über dem obersten Ton (*fa super la*). Im abgebildeten Notenbeispiel fehlt die Vorzeichnung beim

sinnvoll zu nutzen. Darum kommt sowohl das *a* (zwei Mal in der ersten Melodiezeile als *mi*), als auch das *as* (in der zweiten und dritten als *fa super la*) vor.

Die Melodie schwingt sich zu Beginn in weit ausladender Gebärde vom Grundton über die Quinte in die Oktave auf. In der letzten Zeile findet (musikalisch: „krebst") sie unter Verwendung praktisch desselben Tonmaterials zum Grundton zurück. Die Gewichtigkeit von Melodieanfang und -schluss erinnert an Calvins Wunsch, dass die Psalmen „in Gegenwart Gottes und seiner Engel" mit „pois & maiesté" (mit Gewicht und Würde) gesungen werden sollten.[18]

Die vier in ihrem Umfang ausgewogenen Melodiezeilen sind in symmetrisch geordnete Tonräume (Ambitus: 8778) gegliedert. Die ersten beiden Zeilen streben anfänglich bis zu den Spitzentönen *c* (*sol*) und *d* (*la*). Beide Zeilen entspannen diesen gesteigerten Aufschwung auf ihr Ende hin. Zeile 3 baut die Spannung durch eine aufsteigende Quinte und eine aufsteigende kleine Terz auf. Zeile 4 führt in großem Gestus zum Grundton *c* (*do*) zurück.

Zudem werden die Feinheiten kleiner Wiederholung und Variation genutzt: In verschiedenen Lagen entsprechender Sechstonreihen begegnet die abfallende Bewegung *fa-mi-re*: am Ende der ersten Zeile zwei Mal unmittelbar nacheinander (*b-a-g*), gegen Ende der zweiten Zeile (*as-g-f*), zu Beginn der dritten Zeile und am Ende der Melodie (*es-d-c*). Alle Zeilen enden mit einem fallenden Sekundschritt.

Die Singbarkeit dieser Melodie wird zudem durch die leicht zu treffenden Zeilenübergänge gefördert: Von der ersten zur zweiten Zeile ist der Quartsprung *g-c* (*re-sol*) von Mitte der ersten Zeile noch im Ohr. Bei den drei folgenden Übergängen (incl. jenem zurück zum Melodiebeginn) sind Schlusston und Anfangston identisch. Auffallend ist schließlich, dass das Tonmaterial bei der Kadenz in der Liedmitte, im Übergang von der zweiten zur dritten Zeile (*g-f-es / es-d-c*), mit dem Liedschluss übereinstimmt.

HANS-JÜRG STEFAN

zweitletzten Ton der dritten Melodiezeile. Die Solmisation *fa* zeigt aber, dass die Vertiefung (als *fa super la*) gesungen werden soll.

[18] La forme des prières et chantz ecclésiastiques, Genf 1542 (Faks hg. v. Pierre Pidoux, Kassel/Basel 1959), 25. Vgl. Eberhard Busch (Hg.), Calvin-Studienausgabe, Bd. 2. Gestalt und Ordnung der Kirche, Neunkirchen-Vluyn 1997, 156f.

331 Großer Gott, wir loben dich

EG 331ö GL2 380ö RG 247(ö)+ KG 175(ö)+ CG 495(ö)+ CG 729 EM 2ö

Text

Verfasser Ignaz Franz **Entstehung** 1768 **Vorlage** *Te deum laudamus,* 4. Jh. **Quellen** (a) *Die Christlich-katholische Lehre in Liedern. Das ist: Katechetische Gesänge zum Gebrauche der Saganischen Schulen,* Sagan 1768 * (b) *Katholisches Gesangbuch, auf allerhöchsten Befehl Ihrer k.k. apost. Majestät Marien Theresiens zum Druck befördert.* Wien o. J. [ca. 1774/1776] (DKL 1776[01]; B III, 273; IV,180) **Überschrift** (b) *Das Te Deum laudamus deutsch* **Strophenbau** 7/4a 8/4b-, 7/4a 8/4b-, 7/4c 7/4c Frank 6.23 **Abweichungen** wirkungsgeschichtlich relevante Quelle: (b) 3,2 Herr der *Kriegesheere,* 4,1 *Christi* Chor; 4,2 *große* Menge; 4,5 *große Schaar;* 5,1 *Auf dem ganzen Erdenkreis;* 5,2 *und auch Kleine;* 5,3 *Dich Gott Vater; dir zum Preis;* 5,4 *Sie ehrt auch auf seinem Thron;* 5,5 *Deinen eingebornen Sohn;* nach 5: 6. *Sie verehrt den heilgen Geist;* 6,3 *Du bist auch von deinem Thron;* 6,5 *Gnade hast du uns gebracht;* 6,6 *Sünde frey gemacht;* 7,1 *Nunmehr steht des Himmels Thor;* 7,5 *Endlich kommst du zum Gericht;* 7,6 *Zeit und Stunde weiß man nicht;* 8,1 *Steh! Herr deinen Dienern bei;* 8,2 *mit Demuth;* 8,3 *Die dein Blut dort machte frey;* 8,4 *Als du für uns hast gelitten;* 9,5 *Hilf, daß es durch Buß und Flehn;* 9,6 *Dich im Himmel möge sehn;* 10,5 *Gib, daß wir von Sünden heut;* 10,6 *Und von Lastern seyn befreyt;* 11,2 *Über uns, Herr! Sey dein Segen;* 11,3 *Deine Güte zeige sich;* 11,4 *So wie wir zu hoffen pflegen* * RG, KG, CG (495): 11,2 *auf uns komme, Herr, dein Segen;* 11,3 *Deine Güte zeige sich;* 11,4 *allen der Verheißung wegen* * CG (729): Strophe 1 wie EG 331, Strophen 2–6 neu gedichtet von Karl von Greyertz (1918/1932) **Verbindung TM** (a) Verweis auf Melodie 31 oder 32 (derzeitig nicht identifiziert) * (b) Vorläufer der heute gebräuchlichen Fassung (s. u. Ausgabe) * weitere: Moritz Brosig 1881 (Fischer 2006/2007, 7)

Melodie

Incipit 1_1 1–71 232 1_ **Vorlagen** (a) zur Angabe im EG „Lüneburg 1668“, recte 1686 s. Kommentar * (b) s. o. Quelle (b) **Quellen** (a) *Allgemeines Choral-Buch [. . .], Erster Teil* (Johann Gottfried Schicht), Leipzig 1819 (Z VI 1076) * (b) *Melodieen zu dem katholischen Gesangbuche Cantate* von Heinrich Bone, Paderborn 1852 (B IV,642) **Ausgaben** Vorlage (b) Fischer 2006/2007, 4; Quelle (a) Z II,3495/Fischer 2006/2007, 7; (b) B III,219 **Ambitus** G: 7b; Z: 45(45)46 **Abweichungen** (a) Ton höher, Z. 1/3 und 5, letzte Note punktierte Halbe ohne nachfolgende Pause; Z. 2/4 N. 5 *a'*; N. 9 Halbe, ohne Pause am Zeilenschluss, Z. 5 N. 3 zwei Viertel *b'a'*; Z. 5–6 werden wiederholt * (b) Ton höher, alle Zeilenenden mit Fermate; Z. 2/4 N. 6–7: Halbe *c''*; Z. 6, Schlussnote Halbe mit Fermate und Viertelpause * RG, CG mit 4st. Satz (1891/1941/1952) * EM mit 4st. Satz (Thomas Wegst 1999) **Verbindung MT** (a+b) wie EG * Textvariante: *Herr und Gott wir loben dich* (Allgemeines und vollstaendiges Catholisches Gesangbuch [Ignaz Franz], Breslau 1778; www.liederlexikon.de, Edition C) * weitere Texte: *Was, was ist mein Losungswort* (Tscherlitzky 1825); *Himmelan geht unsre Bahn* (Bern 1868); *Jesus ist der Siegesheld* (Joseph Christoph Blumhardt 1876; RG 856); *Großer Gott, wir loben dich* (Str. 1 = EG 331, Str. 2–6 Karl von Greyerz 1918/1932; RG 518, CG 729) * Übersetzungen in RG/CG: *Grand Dieu, nous te bénissons* (Henri Louis Empaytaz 1817); *Sommo Iddio, noi T'invochiamo* (Turin 1969); *O grond Deus, nus tei ludein* (Gion Martin Darms 1886; nur in RG) * weitere Sprachen in: Colours of Grace, München 2006 (englisch, französisch, niederländisch, polnisch, schwedisch, slowenisch) und Unisono, Graz 1997 (dieselben außer polnisch)

Literatur

HEG/II, 97f ** WGL1 III, 85f; ÖLK Lfg. 2; ThustB, 292f ** B (1886–1911) III, 285–287 und IV 685f; Petrich ([2]1924) 79–81); Bruppacher (1953) 62–66.215f; NSKA (1971ff) 21, 102 ** BÄUMKER, Wilhelm: Das deutsche Te Deum (Großer Gott, wir loben Dich). Der Dichter, die ältesten Texte und Melodieen, KMJ 15 (**1900**) 88–93 * TRUMMER, Hans/ HEIMERL, Hans: Großer Gott, wir loben dich (GL 257), in: Paul Nordhues/Alois Wagner, Predigten zum Gotteslob, Bd. 1, Graz u. a. **1976**, 205–208 * DÜRIG, Walter: Das Lied „Großer Gott, wir loben Dich" und sein Dichter, der schlesische Pfarrer und Regens Ignaz Franz, Archiv für schlesische Kirchengeschichte 38 (**1980**) 175–194 * WERNER, Eric: Das Te Deum und seine Hintergründe, JLH 25 (**1981**) 69–82 * KURZKE, Hermann: Hymnen und Lieder der Deutschen, Mainz **1990**, 163–184 * SCHNEIDER/ VICKTOR **1993**, 98–101 * HINZ, Marita: Großer Gott, wir loben dich, in: Ralf Koerrenz/ Jochen Remy (Hg.), Mit Liedern predigen. Theorie und Praxis der Liedpredigt, Rheinbach-Merzbach [2]**1994**, 195–200 * HENKYS, Jürgen: „Da pacem, Domine, in diebus nostris". Friede als Thema des Kirchenliedes, MuK 68 (**1998**) 160–169 * EGERER, 1. Lfg (**1999**) * HAAG, Martina/ TÜRMER, Beatrix: Vom „Te Deum" zum Kirchenlied. Drei Lieder der katholischen Aufklärung im Vergleich, MuK 69 (**1999**) 10–19 * FISCHER, Michael: Großer Gott, wir loben dich. Ausführlicher Kommentar zur Liedgeschichte (Februar **2006**/Juli **2007**), in: Populäre und traditionelle Lieder. Historisch-kritisches Liederlexikon. Für das Deutsche Volksliedarchiv hg. von Eckhard John, www.liederlexikon.de/lieder/grosser_gott_wir_loben_dich/liedkommentar.pdf * WKERNLIEDER **2011**, 106–112 * FISCHER, Michael: Beliebt und verdammt. Das geistliche Volkslied im 19. Jahrhundert, in: Peter Bubmann/Konrad Klek (Hg.), Davon ich singen und sagen will. Die Evangelischen und ihre Lieder, Leipzig **2012**, 151–156 * FISCHER, Michael: Religion, Nation, Krieg. Der Lutherchoral Ein feste Burg ist unser Gott zwischen Befreiungskriegen und Erstem Weltkrieg, Münster/New York **2014**

Großer Gott, wir loben dich gehört zu den seltenen Liedern, die ursprünglich ein starkes Identitätssignal einer bestimmten Konfession und Sprachgruppe waren, die aber heute über Konfessions- und Sprachgrenzen hinaus verbreitet sind. Traditionell ist das Lied sozusagen erzkatholisch: „Man muß es erlebt haben, mit welcher Urgewalt das *Großer Gott, wir loben dich* erdröhnen kann, zum Beispiel im katholischen Gottesdienst nach der Fronleichnamsprozession, beim Wiedereinzug in die Kirche, wenn alle Glocken läuten, die Orgel ihr äußerstes gibt und auch die, die sonst nur lustlos vor sich hin brummeln, schmettern aus voller Brust. Ein Erschauern angesichts der Größe Gottes oder ein Überwältigtsein vom ‚ozeanischen Gefühl' geht dann durch die Menge. Dieses Lied hat einen anderen Rang als die meisten übrigen Kirchenlieder, einen mächtigeren, umfassenderen, grundsätzlicheren [...]. Es ist ein Erkennungslied der katholischen Kirche."[1] Gleichwohl ist das Lied heute in einem ökumenischen Konsens neben dem EG auch im Gesangbuch der Evangelisch-methodistischen Kirche (Nr. 2), in „Feiern und loben", dem Gesangbuch des Bundes Evangelisch-Freikirchlicher Gemeinden [Baptisten] (Nr. 30), im Gesangbuch der Evangelisch-reformierten Kirchen der deutschsprachigen Schweiz (Nr. 247) sowie im Gebet- und Gesangbuch der Christkatholischen Kirche der Schweiz (Nr. 495) vertreten. Die beiden Letztgenannten enthalten das Lied auch in einer französischen und italienischen Fassung (*Grand Dieu, nous te bénissons / Sommo Iddio, noi T'invochiamo*), in nordamerikanischen Gesangbüchern ist eine englische Version verbreitet (*Holy God, we praise Thy name*). Darüber hinaus gehört es zu den wenigen Stücken, die den Sprung von einem Kirchengesangbuch in populäre Liedsammlungen geschafft haben.

Der Text des Liedes stammt von Ignaz Franz (1719–1790), der lange als Rektor des Priesterseminars in Breslau tätig war und der zu den bekanntesten und produktivsten Kirchenlieddichtern der katholischen Aufklärung gehört. Sein *Großer Gott, wir loben dich* basiert auf dem lateinischen Prosahymnus *Te Deum*, der lange fälschlicherweise Ambrosius von Mailand († 397) zugeschrieben und deshalb als „Ambrosianischer Lobgesang" bezeichnet wurde. Tatsächlich jedoch zählt der Hymnus zu jenen kostbaren drei Stücken, die uns als einzige noch aus der Zeit der Märtyrerkirche erhalten sind: die ursprünglich griechischen Hymnen *Gloria in excelsis* und *Phos hilaron* sowie eben das (lateinische) *Te Deum*. Hat das *Gloria* sowohl in den morgen- als auch den abendländischen Kirchen eine breite Rezeption erfahren, blieb der Abendhymnus *Phos hilaron*, der nie eine lateinische Übersetzung fand, weitgehend auf den ostkirchlichen Bereich beschränkt.[2] Das *Te Deum* wiederum verbreitete sich nur in der Westkirche, hat hier aber eine enorme Wirkungsgeschichte auf liturgischem, musikalischem und auch politischem Gebiet entfaltet. „Martin Luther schätzte das Te Deum hoch, bezeichnete es gar als ‚drittes Glaubensbekenntnis', übertrug es 1529 äußerst vorlagengetreu und unterlegte dem Text (*Herr Gott, dich loben wir*) eine stark vereinfachte Fassung der zum Te Deum verwendeten gregorianischen Melodie (vgl. EG 191)."[3] Die hier im Folgenden wiedergegebene Übersetzung versteht sich als Arbeitsübersetzung[4], die lateinische Textfassung ist die heute in der Liturgie gebräuchliche Version, die auch Franz vorgelegen hat (in der rechten Spalte die Liedstrophen von EG 331, die den lateinischen Versen entsprechen).

[1] Kurzke 1990, 163.

[2] Erst in jüngerer Zeit finden sich deutsche Übersetzungen im liturgischen Gebrauch, etwa GL2, 660.

[3] Egerer, ÖLK Lfg. 2, 1.

[4] Die Übersetzung folgt Ruth Maringer, Der Ambrosianische Lobgesang. Bibeltheologische Aspekte zur Interpretation des Hymnus [Te Deum], in: H. Becker/ R. Kaczynski (Hg.), Liturgie und Dichtung, Bd. 1, St. Ottilien 1983, 275–301, hier 276–279.

1. Te Deum laudamus te Dominum confitemur	Dich, Gott, loben wir, dich, Herr, preisen wir	Str. 1
2. Te aeternum Patrem omnis terra veneratur	Dir, dem Ewigen, dem Vater, huldigt die ganze Erde.	
3. Tibi omnes angeli tibi caeli et universae potestates	Dir rufen die Engel alle, dir Himmel und Mächte alle zusammen	
4. Tibi Cherubim et Seraphim incessabili voce proclamant	Dir rufen Cherubim und Seraphim mit niemals endender Stimme zu:	Str. 2
5. Sanctus sanctus sanctus Dominus Deus Sabaoth	Heilig, heilig, heilig, der Herr, der Gott der Scharen!	Str. 2/3
6. Pleni sunt caeli et terra maiestatis gloriae tuae	Voll sind Himmel und Erde von der Herrlichkeit deines Ruhmes.	Str. 3
7. Te gloriosus Apostolorum chorus	Dich preist der glorreiche Chor der Apostel.	Str. 4
8. Te Prophetarum laudabilis numerus	Dich die lobwürdige Zahl der Propheten,	
9. Te Martyrum candidatus laudat exercitus	Dich die leuchtende Heerschar der Märtyrer.	
10. Te per orbem terrarum sancta confitetur ecclesia	Dich bekennt die heilige Kirche über den ganzen Erdkreis hin,	
11. Patrem immensae maiestatis	Dich, den Vater unermesslicher Majestät	Str. 5
12. Venerandum tuum verum et unicum (unigenitum) filium	Deinen ehrwürdigen, wahren und eingeborenen Sohn	
13. Sanctum quoque Paraclitum Spiritum	Und auch den heiligen Tröster, den Geist.	
14. Tu rex gloriae Christe	Du König der Herrlichkeit, Christus,	
15. Tu Patris sempiternus es filius	Du bist des Vaters allewiger Sohn.	Str. 6
16. Tu ad liberandum suscepturus hominem non horruisti virginis uterum	Du hast zur Errettung Menschengestalt angenommen, den Schoß der Jungfrau nicht gescheut,	
17. Tu devicto mortis aculeo aperuisti credentibus regna caelorum	Du hast den Stachel des Todes gebrochen und (damit) den Glaubenden die Reiche der Himmel geöffnet.	Str. 7
18. Tu ad dexteram Dei sede(n)s in gloria Patris	Du sitzt zur Rechten Gottes in der Herrlichkeit des Vaters,	
19. Iudex crederis esse venturus	Wir glauben, dass du als Richter einst kommen wirst.	
20. Te ergo quaesumus tuis famulis subveni quos pretioso sanguine redemisti	Dich bitten wir also, hilf deinen Dienern, die du mit kostbarem Blut losgekauft hast.	Str. 8
21. Aeterna fac cum sanctis tuis gloria munerari	Lass uns mit deinen Heiligen der ewigen Herrlichkeit teilhaftig werden.	
22. Salvum fac populum tuum Domine et benedic haereditati tuae	Mach heil dein Volk und segne Dein Erbe	Str. 9
23. Et rege eos et extolle illos usque in aeternum	Und leite sie und erhebe sie in Ewigkeit.	
24. Per singulos dies benedicimus te	Alle Tage hindurch preisen wir Dich	Str. 10
25. Et laudamus nomen tuum in aeternum et in saeculum saeculi	Und loben Deinen Namen immer und in alle Ewigkeit.	
26. Dignare Domine die isto sine peccato nos custodire	In Gnaden mögest Du uns, o Herr, an diesem Tag ohne Sünde in deine Hut nehmen.	
27. Miserere nostri Domine miserere nostri	Erbarme Dich unser, o Herr, erbarme Dich unser.	Str. 11
28. Fiat Domine misericordia tua super nos quemadmodum speravimus in te	Lass über uns Dein Erbarmen geschehen, so wie wir auf Dich gehofft haben.	
29. In te Domine speravi non confundar in aeternum.	Auf Dich, o Herr, habe ich gehofft. In Ewigkeit werde ich nicht zugrunde gehen.	

Auf eine eröffnende Anrede (*Dich, Gott, loben wir; dich, Herr, preisen wir* [v. 1-2]) folgen drei Teile, die deutlich voneinander geschieden sind.[5]

Teil 1 versetzt die Singenden in das Heiligtum des himmlischen Jerusalem, wo der Ewige inmitten seiner Geschöpfe thront und ihren Lobpreis empfängt. Der Hymnus überblendet dabei die Berufungsvision des Jesaja im Allerheiligsten des Tempels (Jes 6) mit der Eröffnungsvision des Johannes auf Patmos (Offb 4). Im Mittelpunkt dieses Teils steht das Dreimalheilig (Jes 6,3; Offb 4,8), das in konzentrisch angeordneten Kreisen von den rufenden Engeln einerseits und preisenden Menschen andererseits umgeben wird. Das Anordnungsprinzip ist ihre jeweilige Nähe zu Gott: Den innersten Kreis bilden die Thronengel *Cherubim* und *Seraphim* (v. 4) sowie der *Chor der Apostel* und die *Zahl der Propheten* (v. 7-8); dann folgen die Engelklassen *Himmel und Mächte* (v. 3b) sowie auf Seiten der Menschen die *Märtyrer* (v. 9); der äußere Kreis besteht aus *allen Engeln* (v. 3a) und der ganzen *Kirche* (v. 10). Der Kosmos, Himmel und Erde, ist auf den Ewigen hin geordnet, dem das Dreimalheilig gilt. Charakteristisch ist die Verwendung aller Verben im Präsens, die der Szene eine allen Raum und alle Zeit übersteigende Dimension geben. Beschlossen wird die Strophe mit einer trinitarischen Doxologie.

Teil 2 bringt einen deutlichen Wechsel: Die Anrede ändert sich (*Du ... Christus*; v. 14), ebenso das Tempus der Verben (*du hast* ...; v. 16) und schließlich auch der biblische Bezugstext, der nun mit dem Titel *König der Herrlichkeit* (v. 14) Psalm 24 in den Blick rückt, der den Einzug des siegreichen Herrn in sein Tempelheiligtum besingt. Zeichnet Teil 1 die statische, überzeitliche Szene des immerwährenden Lobes, so wird hier nun in vier Etappen das dynamische und dramatische Geschehen der Errettung des Menschengeschlechts besungen: Christi Entäußerung in der Menschwerdung, sein Kampf auf Leben und Tod, seine Erhöhung in die Herrlichkeit zur Rechten des Vaters, seine Wiederkunft zum Gericht. Am Ende des zweiten Teils sprechen, wie im Initium, die Singenden von sich selbst (*Wir bitten dich also* ... *Lass uns* ...; v. 20-21). So schließt sich der Rahmen um die beiden Szenen: Die Singenden stellen sich in den äußersten Kreis der konzentrisch um das Dreimalheilig gruppierten Engel und Menschen. Dabei ist die *Herrlichkeit* (*gloria*) der Schlüsselbegriff, der beide Szenen zusammenhält: Sie motivieren den Gesang des Dreimalheilig (*voll sind Himmel und Erde von der Herrlichkeit deines Ruhmes*; v. 6), sie charakterisiert den siegreichen Christus (*König der Herrlichkeit; erhöht in die Herrlichkeit Gottes*; v. 14.18) und sie ist das Ziel der Bitte der Singenden (*lass uns der ewigen Herrlichkeit teilhaftig werden*; v. 21).

Damit ist der Hymnus an ein Ende gekommen. Teil 3 ist eine spätere Hinzufügung von sogenannten „capitella in psalmis“, von Psalmzitaten, die zu einer Bittlitanei zusammengefügt sind und die Schlussbitte von Teil 2 weiterführen wollen: Psalm 28,9 ([Vulgata-Fassung:] *Hilf, Herr, deinem Volk und segne dein Erbe, und leite sie und trage sie in Ewigkeit*); 145,2 (*Ich will dich preisen Tag*

[5] Vgl. hier und im folgenden Reinhard Meßner, Der König der Herrlichkeit und seine Heiligen, GAGF 17 (2003) 12-21; Maringer, Der Ambrosianische Lobgesang, 275-301; Werner 1981, 69-82.

für Tag und deinen Namen loben immer und ewig); 123,3 (*Erbarme dich unser, o Herr, erbarme dich unser!*); 33,22 (*Deine Huld, o Herr, komme über uns, wie wir auf dich unsere Hoffnung setzten*); 31,2 (*Auf dich, o Herr, vertraue ich; lass mich nimmermehr zuschanden werden*).

Der älteste bezeugte liturgische Ort des *Te Deum* ist das klösterliche Morgengebet an Sonn- und Festtagen (etwa Benediktregel 11,8); von dort leitet sich seine mittelalterliche Verwendung bei Osterspielen am Ostermorgen ab. Ebenfalls im Mittelalter taucht es als „Dankhymnus" bei unterschiedlichen Gelegenheiten auf (Bischofs- und Abtweihe, Papstwahl, Königskrönung). Seit dem Barock wandert es dann als „Huldigungsgesang" in das höfische und staatliche Zeremoniell (ein Gebrauch, der mit der heutigen Funktion der Nationalhymne vergleichbar ist) und wird zu politischen und militärischen Zwecken mißbraucht.[6]

Als Ignaz Franz in verschiedenen Versionen seine Kirchenliedfassung des Te Deum veröffentlicht (1768, 1772 und 1778), liegt eine Übertragung des Stückes wohl irgendwie in der Luft. Die Aufklärung will die Bürger teilhaben lassen an dem mittlerweile zum Huldigungs- und Triumphlied mutierten altkirchlichen Hymnus. Denn fast zeitgleich erscheinen auch Übertragungen in den Aufklärungsgesangbüchern von Franz Seraph Kohlbrenner (Landshut 1777) und Augustin Erthel (Fulda 1778).[7] Durchgesetzt hat sich das Lied von Franz, und zwar in seiner zweiten Fassung, die in das renommierte Gesangbuch der Maria Theresia (Wien 1774) aufgenommen wurde. Sie liegt, mit einigen Textänderungen, auch der EG-Fassung zugrunde.

„Aufs Ganze gesehen", urteilt der Germanist Hermann Kurzke, „stellt das Lied eine beachtliche Übertragungsleistung dar, die den unvermeidlichen Kompromiss zwischen Übersetzungsgenauigkeit und poetischer Qualität erst auf einem hohen Niveau eingeht."[8] Dennoch sind – wie bei jeder Übersetzung – zeittypische Einschläge unverkennbar. Innerhalb des ersten Teils des Hymnus (er entspricht den Strophen 1–5 des Liedes) akzentuiert das, was Franz über seine Vorlage hinaus in sein Lied einträgt, vor allem die Schöpfertätigkeit Gottes: Die Erde *bewundert [die] Werke* Gottes, in denen sich seine *Stärke* zeigt (Str. 1); in dem Sanctus-Zitat werden aus der Zwillingsformel für den gesamten Kosmos (*Himmel und Erde*) durch den Zusatz *Luft und Meere* nun Elemente der Schöpfung, die Gott untertan sind: *alles ist dein Eigentum* (Str. 3). Die Szenerie weitet sich vom Allerheiligsten des Tempels (Jes 6) als Abbild des himmlischen Thronsaals (Offb 4) auf die gesamte Schöpfung aus. Dadurch geht auch die für den Hymnus grundlegende konzentrische Anordnung der preisenden Engel und Menschen um das Sanctus verloren: Im Lied singen die Engel

[6] Vgl. Kurzke 1990, 164: „Händel schrieb ein Te Deum zur Schlacht von Dettingen 1743. [...] Ein Te Deum nach dem Sieg bei Leipzig findet sich in einem Truppenliederbuch von 1814. Te Deum laudamus überschrieb Hermann Grieben ein Gedicht, das vor dem Krieg 1870/71 an den siegreichen Geist der Befreiungskriege erinnert."

[7] Vgl. Haag/ Türmer 1999.

[8] Kurzke 1990, 180.

ihr Dreimalheilig, die Apostel, Propheten und Blutzeugen dagegen *neue Lob- und Dankgesänge* (Str. 4).

Die Doxologie des Hymnus, für die Franz zwei Strophen vorgesehen hatte, zieht die EG-Fassung, hierin der AÖL-Version folgend, zu einer zusammen und kürzt so die symbolischen 12 Strophen des ganzen Liedes auf 11. Ursprünglich hieß es:

5. Auf dem ganzen Erdenkreis
Loben Große, und auch Kleine
Dich GOtt Vater; dir zum Preiß
Singt die heilige Gemeinde,
Die auch ehrt auf seinem Thron
Deinen eingebornen Sohn.

6. Sie verehrt den Heiligen Geist,
Welcher uns mit seinen Lehren
Und mit Troste kräftig speist,
Der, o König voller Ehren!
Der mit Dir, Herr JEsu Christ,
Und dem Vater ewig ist.

Man vermeidet dadurch zwar die zeittypisch-aufklärerische Vorstellung des Heiligen Geistes, *welcher uns mit seinen Lehren [...] kräftig speist*, verliert aber damit auch den für die zweite Strophe des Hymnus grundlegenden Christus-Titel *König voller Ehren* (*rex gloriae*) und damit den Bezug zu Ps 24.

Auch in der Übertragung des zweiten Teils des Te Deum (sie entspricht den Strophen 6–8 des Liedes) sind zeittypische Eliminierungen und Eintragungen auffällig: *du hast* [...] *den Schoß einer Jungfrau nicht gescheut* fehlt bei Franz ebenso wie *du hast den Stachel des Todes gebrochen* (1. Kor 15,55) – beide Bilder waren der Aufklärung wohl zu plastisch und zu drastisch; dem Verschwinden des *rex gloriae* in der EG-Fassung entspricht schon bei Franz das Verschwinden der *gloria* aus der Bitte der Singenden: *lass uns mit deinen Heiligen der ewigen Herrlichkeit teilhaftig werden* wird zu dem blassen *nimm uns nach vollbrachtem Lauf / zu dir in den Himmel auf* (Str. 8). Christus selbst wird nicht als glorreicher Sieger dargestellt, sondern als aufgeklärter ‚Menschenfreund': Vom *hohen Himmelsthron* steigt er herab und bringt *Gottes Gnade* (Str. 6), er führt uns vor Gottes Angesicht (*du stellst uns dem Vater vor*), *wenn wir kindlich auf* ihn *hoffen* (Str. 7). Das Erlösungsdrama des Hymnus ist im Lied zu Katechismussätzen abgemildert. Es erstaunt daher kaum, dass dieser Teil sowohl in der gedruckten Rezeption (s. u.) als auch in der jeweils aktuellen Rezeption der Strophenauswahl meist übersprungen wird.

Anders als in der lateinischen Vorlage, wo Teil 3 eine sekundäre Anfügung lose verbundener Psalmzitate darstellt, gelingt Franz am Schluss seines Liedes eine weitgehend geschlossene Komposition. Die Strophen 8–11 gehören zu den beliebtesten des ganzen Liedes und prägen im Bewusstsein der Singenden zusammen mit dem ersten Teil den Charakter des Stückes: Das Versprechen des *Lobens*, die flehentlichen Bitten um göttliche *Hilfe* und *Führung*, *Erbarmen* und *Segen* sowie das Bekenntnis von *Hoffnung* und *Vertrauen*.

Die katholische Rezeption des Liedes verläuft ausgehend vom Gesangbuch Maria Theresias (Wien 1776) zunächst etwas schleppend; die nächsten Stationen sind München 1811, Konstanz 1825, Mainz 1830. Erst mit der Aufnahme in das wirkungsgeschichtlich bedeutende Cantate (1847) von Heinrich Bone verbreitet sich das Lied ab den 1850er Jahren mit einem rasanten Siegeszug in den katholischen Gesangbüchern des deutschen Sprachraums, von Köln (1852) bis Olmütz (1854), von Konstanz (1855) bis Hildesheim (1893). Sowohl 1916 als auch 1947 wird es in die Gruppe der „Einheitslieder“ aufgenommen und ist somit in allen katholischen Nachkriegs-Diözesangesangbüchern und selbstverständlich auch in GL1 und GL2 vertreten. Die Konfessionsgrenze überschreitet das Lied wohl zum ersten Mal in der Schweiz (Schaffhausen 1818)[9] „im Zuge der beginnenden Erweckungsbewegung“.[10] In Deutschland dagegen herrschte anscheinend längere Zeit jene Einschätzung vor, der Wilhelm Nelle noch 1924 Ausdruck gab: Nach Luther habe sich jahrhundertelang niemand an eine Übertragung des *Te Deum* gewagt. „Dann kam Ignaz Franz, der katholische Dichterling, [...] der [...] die Burg von ‚Herr Gott, dich loben wir‘ niederlegte mit all ihren Türmen, Toren und anderen Herrlichkeiten, um 12 kleine Mietshäuschen daraus zu errichten, eben die 12 Strophen von ‚Großer Gott, wir loben dich‘.“[11] Jedenfalls setzt hier die Rezeption viel später ein. „Im übrigen ging unsere Gesangbucherneuerung an dem Lied zunächst vorüber. [...] Schlesien [Breslau] 1878 nahm es dann in seinen Anhang auf, und seitdem fehlt es wohl in keinem unserer Gesangbuchanhänge. Die meisten haben es stark gekürzt“.[12] Das „Evangelische Gesangbuch zur Einführung in der Provinz Brandenburg“ (Berlin 1886) etwa führt das Lied in einem Anhang „Geistliche Volkslieder“ (Nr. 11) und bringt nur sechs Strophen, nämlich 1–3 und 10–12 des Originals. Diese Auswahl wird für die evangelische Tradition lange bestimmend bleiben. Auch wenn das Lied gelegentlich in voller Länge auftaucht (Breslau 1889; Straßburg 1899), dominieren doch Versionen zwischen fünf und sieben Strophen das Feld (Wiesbaden 1900; Frankfurt 1907; Feldgesangbücher 1897 und 1914; DEG 1915 und 1926). Was jeweils fehlt, ist der christologische Mittelteil. Das konnte nicht ohne Folgen für das Verständnis des Liedes bleiben. „Die Kürzung führte dazu“, so Hermann Kurzke, „dass gleich nach dem Gotteslob vom Volk die Rede ist: ‚Sieh dein Volk in Gnaden an‘. Die ‚Volk‘-Strophe wird so zur Zielstrophe des Textes. Damit war einem nationalistischen Verständnis Tür und Tor geöffnet. Der Wegfall der theologischen Missbrauchssicherung in den mittleren Strophen [dem christologischen Teil, Anm. AF] erlaubte es allzuleicht, unter ‚Volk‘ nicht das (übernationale) Volk Gottes, sondern das deutsche Volk zu verstehen, unter dem ‚Feind‘ in derselben Strophe nicht den Satan, sondern zum Beispiel die Franzosen.“[13] Einen Höhepunkt erreicht diese fatale Rezeption im Gesangbuch der Kommenden Kirche der „Deutschen Christen“ (Bremen 1939), wo in einer 4-strophigen Version (Original-Str. 1.10.11.12) nach der Eingangsstrophe gleich zur Volks-Strophe gesprungen wird. Für das Nachfolgegesangbuch muss das Lied sogar seinen Namen hergeben (Großer Gott wir

[9] Bruppacher 1953, 65.
[10] Marti, ÖLK Lfg. 2.
[11] Nelle, 321.
[12] Ebd.
[13] Kurzke 1990, 173.

loben dich, Weimar 1941). Das EKG hatte es nicht im Stammteil, wohl aber in gut einem Dutzend Regionalteilen. Die Strophenanzahl changierte zwischen fünf und zwölf Strophen.[14] Die Extreme sind das EKG Bremen, das auf die zwei Eingangsstrophen gleich die Volksstrophe folgen lässt, und die Regionalteile von Berlin-Brandenburg sowie Mecklenburg, die alle 12 Strophen bringen. Erst das EG klärt die Lage mit der Aufnahme der im ökumenischen Konsens gefundenen 11-strophigen Fassung.

Ansgar Franz

Die Melodie im Gesangbuch der Maria Theresia (Wien um 1774/76) sah noch um einiges anders aus als die uns vertrauten Fassungen, vor allem ist ihr Anfang auffallend statisch: vier Töne auf gleicher Höhe und alle über demselben Akkord. Eine Melodie im Lüneburger Gesangbuch von 1686, die vom Redaktionsbericht zum „Gotteslob" als Vorlage vermutet wird,[15] zeigt höchstens eine entfernte Ähnlichkeit; eine Abhängigkeit ist kaum anzunehmen.[16]

In der Folgezeit haben sich viele Varianten entwickelt, die von der Forschung erst noch aufgelistet und in ihrer Abhängigkeit dargestellt werden müssen. Zahn zitiert die Fassung bei Johann Gottfried Schicht, Leipzig 1819 (Z II,3495), dort auffallenderweise als „Schweizer Lied" bezeichnet: Vielleicht hat Schicht das Lied aus der „Christlichen Harmonika" gekannt, einer vom Schaffhauser Pfarrer Johann Jakob Vetter 1818 im Zuge der beginnenden Erweckungsbewegung herausgegebenen Sammlung.[17] Eine für uns wichtige Fassung steht im 1852 erschienenen Melodienbuch zum Gesangbuch „Cantate" von Heinrich Bone (erste Auflage 1847, noch ohne Melodien). Auf sie geht die ökumenische Fassung zurück; ein Unterschied besteht hier im zweitletzten Takt des Stollens, wo Bone den Durchgang weglässt und stattdessen eine fallende Terz setzt.

Großer Gott, wir loben dich ist ohne Zweifel eine der bekanntesten Kirchenliedmelodien. Es ist das Lied, das eine Gottesdienstgemeinde auch dann noch einigermaßen singen kann, wenn sie vorwiegend aus Menschen besteht, die den Gottesdienst und das gemeinsame Singen kaum gewohnt sind. Zu dieser Beliebtheit mag der Text beitragen; er beginnt ja als allgemeines Gotteslob, das man fast in jeder Situation singen kann, und die schwierigeren Strophen des

[14] Vgl. z. B. EKG Pfalz mit 7 Strophen (1.2.3.5.6.12, gezählt nach dem 12-strophigem Original bei Franz); EKG Baden mit 6 Strophen (1.2.3.10.11.12); EKG Schleswig-Holstein-Lauenburg, Hamburg, Lübeck und Eutin mit 8 Strophen (1.2.3.4.5.10.11.12); EKG Sachsen mit 6 Strophen (1.2.4.6.10.11, also ohne die ‚Sanctus-Strophe'); EKG Bremen mit nur 5 Strophen (1.2.10.11.12); EKG Hessen-Nassau und EKG Kurhessen-Waldeck mit 11 Strophen (Zusammenschluss der Str. 8 und 9 des Originals); EKG Baden mit 6 Strophen (1.2.3.10.11.12); EKG Berlin-Brandenburg und EKG Mecklenburg mit allen 12 Strophen, ebenso auch EKG der Evangelisch-Reformierten Gemeinden.

[15] Vgl. RGL1, 646.

[16] Z II,3448a; der Redaktionsbericht schreibt irrtümlich die Jahreszahl 1668.

[17] Bruppacher 1953, 65.

alten *Te Deum* werden ohnehin meist weggelassen. Genauso wichtig für die Verbreitung, wenn nicht wichtiger, ist die Melodie, und wir haben uns zu fragen, was sie denn an sich hat, dass alle sie sofort singen können und dass sie auch haften bleibt.

Voraussetzungen dafür sind einerseits ein geringer Schwierigkeitsgrad, damit dem Erlernen wenig Widerstand erwächst, andererseits eine starke innere Logik, die das Behalten erleichtert - man merkt sich ja auch einen gereimten Text leichter als einen Prosatext. Die Analyse bestätigt beide Gesichtspunkte in vollem Umfang, wie im Folgenden zu zeigen sein wird.

Der Tonumfang beträgt insgesamt nur eine Septime. Das liegt leicht unter der als Normalmaß anzusehenden Oktave und garantiert, dass die Melodie den Singenden nicht als zu hoch oder zu tief liegend erscheint. Zudem beginnt sie in bequemer Mittellage und beschränkt sich in der ersten Zeile auf eine Quarte. Innerhalb der drei Zeilenpaare der Strophe findet jeweils eine Ausweitung des Ambitus statt, in den beiden Paaren des Stollens von der Quarte zur Quinte, im Abgesang von der Quarte zur Sexte - eine Steigerung gegen den Schluss hin, die sich an anderen Parametern bestätigt, so an der Lage des Spitzentons jeder Zeile (in F-Dur: *a c a c c d*). Nicht nur der Tonumfang, sondern vor allem die Lage der Melodie in ihrem Tonraum weist auf die geringen Ansprüche hin. Von den insgesamt 54 Tönen der Melodie liegen 40 im Bereich der Terz über dem Grundton.

Zur geringen Schwierigkeit trägt weiter die Verwendung der Intervalle bei (lediglich zwei Quinten und drei Terzen, sonst nur Sekundschritte und Tonwiederholungen; die Zeilenübergänge sind mitgezählt).

Die Melodie verwendet auffallend viele Tonwiederholungen, was für die an ausgeprägter Melodik interessierte klassisch-romantische Epoche eher atypisch ist. Der rezitationsähnliche Beginn erleichtert den Einstieg ins gemeinsame Singen, vor allem aber erzeugt er den Eindruck einer feierlichen Statik, die die Majestätsbilder des *Te Deum* musikalisch aufnimmt. Dass die zweite Stollenzeile mit zwei und die Schlusszeile mit einer weiteren Tonwiederholung beginnt, bestätigt diesen Charakter und trägt gleichzeitig zum starken inneren Zusammenhalt der Melodie bei.

Die melodische Bewegung selbst findet fast ausschließlich in Sekunden statt. Die steigende Terz ist auf den Zeilenübergang beschränkt, die steigende Quinte in Zeile 2/4 ergibt sich nur in der Bone-Fassung 1852, die für die ökumenische Fassung übernommen wurde (die Schicht-Fassung hat hier eine Terz, da sie nicht vom Grundton, sondern vom Terzton auf den Quintton springt). Die fallende Terz begegnet lediglich in der ersten Abgesangszeile, die damit und auch hinsichtlich der verwendeten Melodiebausteine eine gewisse Sonderstellung einnimmt; in manchen Fassungen (auch in der derjenigen einiger EKG-Regionalteile) ist allerdings diese Terz durch einen Ligatur ausgefüllt, was die Sonderstellung der Zeile schwächt, dafür die Linearität der Melodieführung verstärkt.

Auffallend sind die starken inneren Bezüge der Melodie, wie anhand einer Übersichtsgrafik gezeigt werden soll:

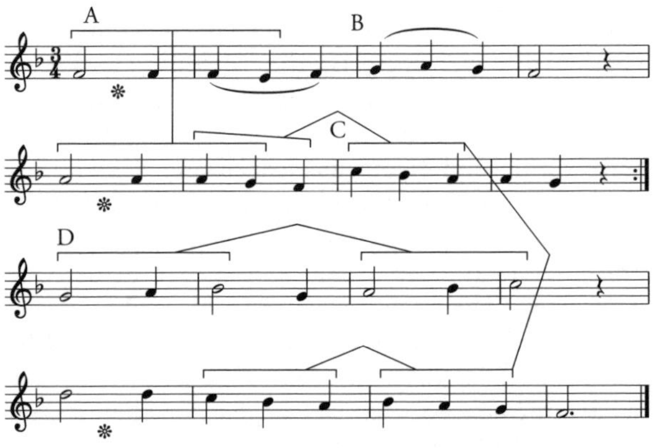

Vier kleine Melodiebausteine bilden das ganze Material. Die Tonwiederholung mit nachfolgendem melodischem Vorhalt und Auflösung nach unten macht den Anfang beider Stollenzeilen aus (A), in der zweiten um eine Terz nach oben versetzt. Die Fassung bei Schicht 1819 hat als fünften Ton der Zeile 2 die Terz statt des Grundtones, womit die Entsprechung noch um einen Ton weiter reicht - dafür entfällt die Entsprechung innerhalb derselben Zeile (C). An den Baustein A erinnert dann wieder der Anfang der Schlusszeile mit der Tonwiederholung (*).

Der zweite Baustein ist die Drehfigur, die innerhalb der Zeile 1 versetzt und gespiegelt wird (B). Das dritte Element ist der Abstieg durch die Terz. Er verbindet die zweite Zeile mit der Schlusszeile; in beiden Zeilen wiederholt er sich intern, einmal nach oben und einmal nach unten versetzt (C).

Das vierte Element (D) ist die gedehnte Umkehrung des dritten und bildet sequenziert die zweitletzte Zeile. Die erste Zeile des Abgesangs hat in vielen Barform-Melodien eine etwas herausgehobene Stellung, hier ist diese realisiert durch ein nur in dieser Zeile auftretendes Element und vor allem durch den ansteigenden Schluss, während die anderen Zeilen mit einer Abwärtsbewegung enden; bereits erwähnt wurde in diesem Zusammenhang die Verwendung der fallenden Terz nur in dieser Zeile.

Diese starke innere Logik innerhalb eines kleinen Tonraumes und einer relativ kurzen Melodieform, verbunden mit einer gewissen, die Akzentsilben fast zu stark hervorhebenden rhythmischen Stereotypie, könnte die Melodie banal und belanglos machen (und in der „klassischen“ Hymnologie genoss sie dementsprechend keinen besonders guten Ruf). Zudem ist die Orientierung der ersten Zeile am Grundton nicht gerade geeignet, eine melodische Spannung aufzubauen. Ganz offensichtlich wird die Melodie aber nicht als belanglos wahrgenommen, und dies liegt wohl daran, dass sie eine Reihe von expressiven Elementen enthält. In erster Linie geht es hier um die melodischen Vorhalte: in der Grundfigur A, am Schluss der zweiten Stollenzeile und auch in der abwärtsgehenden Sequenzierung von Figur C in der Schlusszeile. Ähnlich wirken die Ligaturen, die die ganze Melodie durchziehen und die Drehfigur B und die Abstiegsfigur

C prägen. Wichtig ist unter dem Gesichtspunkt des melodischen Ausdrucks der Steigerungseffekt durch die Ausweitung des Ambitus und durch den Aufstieg in der zweitletzten Zeile, der über die Zeilengrenze hinaus gespannt ist und auf den höchsten Ton zu Beginn der letzten Zeile hinführt; danach wird die aufgebaute Spannung in zwei ineinander verschränkten absteigenden Tetrachord-(Vierton-)Durchgängen relativ schnell abgebaut. Schließlich ist auf den Dreiertakt hinzuweisen, der einerseits das trochäische Metrum in Tondauern umsetzt – jede Betonung erhält eine lange Note oder eine Ligatur – und andererseits der Melodie eine gewisse Eleganz verleiht, so dass ihr würdevolles Gewicht nicht zur Schwerfälligkeit wird. Die Melodie vereint Schlichtheit, Gewicht und wohldosierte Emotionalität und entspricht in nahezu idealer Weise der Forderung nach „edler Simplizität und Würde",[18] die gegen Ende des 18. Jh. an die Kirchenmusik gestellt wurde.

Andreas Marti

[18] Vgl. Georg Feder, Verfall und Restauration, in: Friedrich Blume (Hg.), Geschichte der evangelischen Kirchenmusik, Kassel, [2]1965, 221.

338 Alte mit den Jungen sollen loben

Text

Vorlage Ps 148,12–13 **Quellen** s. u. **Ausgabe** s. u. **Strophenbau** Biblischer Prosatext **Verbindung TM** wie EG

Melodie

Incipit 1_-5_-6-5 1_-5_ **Verfasser** Paul Ernst Ruppel **Entstehung** 1954 **Quellen** (a) *Sängergruß.* Bundesblatt des Christlichen Sängerbundes e. V. 71 (1954), Heft 4, Titelblatt * (b) *Kommt und Singt*, Folge 6 (Kantate), Vluyn (Verlag Singende Gemeinde) 1954 * (c) Singkalender. Wir loben Gott (Christlicher Sängerbund) 1955, Februarblatt **Ausgabe** Vluyner Psalmenbuch (Paul Ernst Ruppel, hg. von Annette Sommer und Gerhard P. Michael), Wuppertal 2010 **Ambitus** G: 9 (mit Stichnote: 10); Z: 434 (mit Stichnote: 5), **Abweichung** (a–c) Ton höher (G-Dur), mit Hinweis, dass die Terz des Schlusstones nur beim Kanonende gesungen wird **Verbindung MT** wie EG

Literatur

HEG II, 266–268 ** ThustB, 297 ** Meyer [2]**1997**, 231

Für Paul Ernst Ruppel waren die Psalmen immer wieder eine Quelle der Inspiration. Seine zahlreichen Psalmmotetten und -singsprüche erschienen posthum als „Vluyner Psalmenbuch“ (Wuppertal, 2010).

Im hier vorliegenden Kanon wählt Ruppel zwei Halbverse aus dem Hymnus Psalm 148, einem der großen Dankpsalmen. In ihm wird alles genannt, was den Herrn loben kann: *Lobt ihn, ihr Fische und alle Tiefen des Meeres, Feuer, Hagel, Schnee […], Bäume, Tiere, Gewürm* … Zunächst sind es Aufzählungen, dann sich ergänzende Gegensatzpaare: *Könige – Völker, Fürsten – Richter, Jünglinge* und *Jungfrauen, Alte – Junge.* Stets werden die Aufzählungen durch ein *und* miteinander verbunden. Berge *und* Hügel, Gewürm *und* Vögel usw. Dann aber heißt es nicht Alte *und* Junge, sondern *Alte mit den Jungen.* Es sind alle aufgerufen zu loben, aber nicht jeder für sich allein, sondern gemeinsam soll es geschehen, generationenübergreifend. Mit dem letzten Begriffspaar *Alte – Junge* lässt der Komponist seinen Kanon beginnen.

Ruppel verwendet nur die Psalmverse 12b und 13a. Anstelle des Endes von Vers 13 (*denn sein Name allein ist hoch*) setzt er ein *Halleluja* und übernimmt dadurch den gleichen formalen Abschluss, der den letzten fünf Psalmen der Bibel gemeinsam ist.

Ruppel ist ein Meister der kleinen Form. Weltweit bekannt ist sein Kanon *Vom Aufgang der Sonne* (EG 456). Hat man einen Kanon oder Singspruch dieses Verfassers vorliegen, handelt es sich um einen kleinen Edelstein. Hier ist nichts zufällig. Text und Melodie, vor allem ihr Verhältnis zueinander: Alles hat Hand und Fuß.

Ruppel wählt den 3er-Takt als eine beschwingte und zur Bewegung einladende Taktart. Die Melodie bewegt sich im ersten Teil im Quartraum unter dem Grundton, im zweiten Teil im Bereich einer Terz oberhalb des Grundtons und im dritten Teil wiederum in einem Quartraum, der noch einmal eine Terz höher liegt. Sie steigt von Beginn an unaufhörlich nach oben. Im letzten Takt erreicht sie ihren höchsten Punkt bei *Halleluja*. Gewiss ist es kein Zufall, dass sie bei *Alte* und *Jungen* gleiche Töne und Intervalle aufweist. Auch ist sie durchweg syllabisch angelegt: Jede Silbe hat eine eigene Note. Nur bei *loben* komponiert Ruppel auf dem „o" ein Melisma, also eine Folge mehrerer Töne auf nur einer Silbe. Es scheint, als wolle sich das Wort *loben* aus einer Enge befreien oder hinausdrängen. Dadurch kommt ihm eine Sonderstellung im Text zu. Es ist das „musikalischste" Wort des Kanons.

Bei dem Wort *Herrn* stoßen wir auf die längste Note, zugleich ein vorläufiger Höhepunkt! Hier könnte der Kanon zu Ende sein. Hätte Ruppel diesen Ton auf die Dauer von zwei Takten ausgedehnt, wäre der Kanon zu einem sinnfälligen und auch formal korrekten Ende geführt worden. Aber jetzt kommt der Clou! *Halleluja* als letztes Wort in den Kanontext einzufügen, ist in Verbindung mit der Melodie ein kleiner Geniestreich, denn hier fallen Schlusspunkt und Höhepunkt in einem Jubel-Wort zusammen, das das vorläufige Ziel *Herrn* noch einmal um einen Ton übersteigt. Tatsächlich wird in der Melodie an dieser Stelle der höchste Ton erreicht. Dadurch hat Ruppel das weggelassene Versende von Psalm 148,13 (*denn sein Name allein ist hoch*) indirekt doch noch in den Kanon hereingeholt. Außerdem vollzieht das *Halleluja*, wozu der Kanon auffordert. Hier schließt sich der Kreis.

Paul Ernst Ruppel legt hohe Maßstäbe an seine Melodien an. Im Vorwort der Kanon- und Singspruchsammlung „Kleine Fische" (Wolfenbüttel, 1964) schreibt er: „Bei jedem Kanon geht es in erster Linie darum, dass seine einstimmige Fassung wirklich Melodie ist, [...] dass er auch ohne mehrstimmige Entfaltung als Melodie ‚steht'. Von der Kraft des Melodischen wird erst eine mehrstimmige Entwicklung überzeugend und gerechtfertigt." Beim Kanon *Alte mit den Jungen* lässt sich sehr schön erkennen, wie meisterhaft die Melodie gebaut ist und wie gut sie zum Text passt, indem sie der Bedeutung einzelner Formulierungen Tiefe verleiht.

In der Mehrstimmigkeit kommen weitere Aspekte zum Tragen: Wenn der Kanon unter den Fermaten schließt, endet er nicht mit der Tonika, sondern auf der Dominante. Vergleicht man das mit den beiden im EG vorausgehenden (EG 336 und 337) und nachfolgenden Kanons (339 und 340), so stellt man fest, dass deren Schlussakkorde – hier stets auf dem Grundton – zugleich wie Schlusspunkte wirken. Ganz anders bei unserem Kanon! Dieser nämlich endet in einem offenen Klang, der nach Fortsetzung ruft: nämlich nach weiterem, immer neuen Lob.

Der Kanon erschien als Februarblatt des Singkalenders „Wir loben Gott" im Jahr 1955. Einen Vorabdruck fand man auf der Titelseite des „Sängergruß" 4/1954, der Verbandszeitschrift des „Christlichen Sängerbundes" (CS). In ihm organisieren sich seit 1879 die freikirchlichen Chöre Deutschlands. Paul Ernst

Ruppel war jahrzehntelang Bundessingwart des CS, führte ungezählte Singwochen, Chorleiterschulungen und Gemeindesingabende durch und komponierte für diese Arbeit in Chören und Gemeinden zahlreiche Sätze. Das alles geschah in einer singbegeisterten Zeit.

In einem Kommentar zu seinem Kanon schreibt Ruppel in der o. g. Ausgabe des „Sängergruß“: „Der Bogen spannt sich über die Generationen, die wohl kaum einmal zuvor in solcher Spannung und Gegensätzlichkeit wie heute standen. Wie fast alle Lebensordnungen drohen vor allem alt und jung auseinanderzufallen. Da ist [...] das Lob des Namens des Herrn die magnetische Kraft, die alt und jung nicht nur zusammenhält, sondern sie auch zum gemeinsamen Tun, zu gemeinsamem Zeugnis zusammenschließt und bewegt. ‚Sollen loben den Namen des Herrn‘, das ist gewissermaßen die Weltachse des Reiches Gottes.“

Im Vorwort zu seiner Sammlung „Kleine Fische“ (s. o.) schreibt Ruppel, dass es sich bei Kanons und Singsprüchen nicht um eigenständige Vortragsstücke handelt, sondern dass sie eine funktionale oder eine formale Beziehung zu etwas Anderem brauchen: Sie sind (funktional) eine Möglichkeit des Einsingens oder als Übung zur Mehrstimmigkeit oder zur chorischen Improvisation gedacht. Oder sie stehen (formal) in Beziehung zu einem anderen Werk und sind dann Vorspruch, Intonation, Ritornell zu anderen Liedsätzen.

Funktional ist ein Kanon auch eine Gemeinschaftsform. Gerade bei dem hier behandelten wird das besonders deutlich: Er fordert zum gemeinsamen Einstimmen aller Generationen auf und könnte dabei auch als Motto einer Singstunde gelten. Formal lässt sich der Kanon in Beziehung zu vielen anderen Liedern setzen, indem man ihn als Intonation dazu singt, quasi als „gesungenes Orgelvorspiel“. Er endet ja harmonisch gesehen auf der Dominante C-Dur und drängt geradezu nach einem Liedanfang in F-Dur. Am überzeugendsten wirkt es, wenn der sich anschließende Liedeinsatz gleich auf dem Grundton *f* erfolgt. *Alte mit den Jungen* eignet sich also besonders gut als Vorspruch zu EG 316 *Lobe den Herren*, EG 322 *Nun danket all und bringet Ehr* und vielen weiteren Chorälen, die auf diese Weise beginnen. Es können auch ganze Liedketten entstehen, indem man von verschiedenen Chorälen jeweils nur eine Strophe singt und diese durch den dazwischen geschobenen Kanon verbindet.

Im bereits erwähnten Heft „Kleine Fische“ lässt Paul Ernst Ruppel die altkirchliche Weise *O ihr Jungen und ihr Alten, lobet Gott ohn Unterlass* mit dem Hinweis „einstimmiger Zwischengesang“ abdrucken. Hier ist dann nicht der Kanon das Bindeglied zwischen zwei anderen Liedern, sondern die gregorianische Weise ist das Bindeglied zwischen zwei Kanonfassungen.

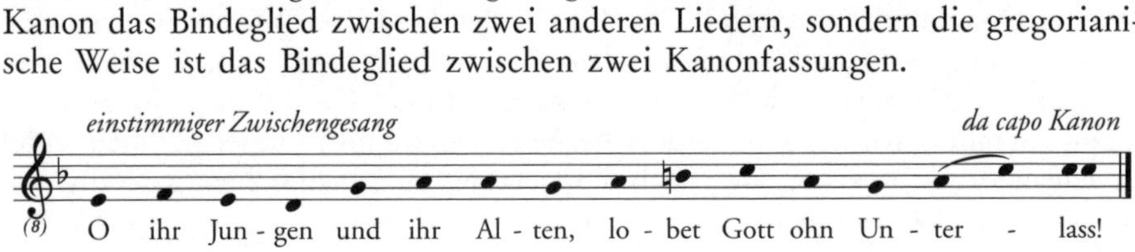

(Altkirchliche Weise)

THOMAS SCHMIDT

359 In dem Herren freuet euch

EG 359 EM 405

Text

Verfasser Kurt Müller-Osten **Entstehung** 1941 **Vorlage** Phil 4 **Quelle** *Das junge Lied. 80 neue Lieder der Christenheit* (hg. von Friedrich Samuel Rothenberg), Kassel 1949, Nr. 60 **Strophenbau** 7/4x 7/3a- 7/4b 7/4b A7/3a- **Verbindung TM** wie EG

Melodie

Incipit 1153 665_ **Verfasser** Christian Lahusen **Entstehung** 1946/1948 **Quelle** s. o. **Ambitus** G: 6; Z: 66446; zur originalen sechszeiligen Anlage der Strn. s. Kommentar **Abweichungen** Q: mit 3st. Satz; Ton höher; 4/4-Takt; Z. 3: Schlusston mit Fermate * EM: mit 4st. Satz (Herbert Beuerle, 1975) **Verbindung MT** wie EG

Literatur

HEG II, 190f.219f ** ThustB, 313 ** HANDT, Hartmut: Die Liedandacht, WEG V, 37–42, bes. 38

Wer bei der Dichtung *In dem Herren freuet euch* von Kurt Müller-Osten[1] ähnliche Töne erwartet wie in dem zeitgleich entstandenen Lied Jochen Kleppers *Freuet euch im Herren allewege* (EG 239)[2], wird überrascht sein: Was 1941 bei Klepper an zeitlicher Bedrängnis nur anklingt[3], dringt bei Müller-Osten in jede Strophe: Christus, der *den Sieg errang* (Str. 1), der *ins Reich der Himmel drang*, auf der anderen Seite *der Feind mit Finsternis* (Str. 2), um dessentwillen sich die Christen *um den Herrn geschart* finden sollen, da Christus, der *Sieger* (Str. 3), *mit dem lichten Heer* bereits *vor den Toren* (Str. 3) erscheint. Er *führt euch durch alle Schranken* (Str. 4), ist *Licht von höchster Zinne* (Str. 5) und *hebt aus dem Tod* (Str. 5).

Formal verarbeiten Jochen Klepper und Kurt Müller-Osten die vier Verse aus dem Philipperbrief (4,4–7) jeweils in fünf bzw. sechs Strophen, sicher unabhängig voneinander; die Ähnlichkeiten oder Gemeinsamkeiten liegen am gemeinsam bedachten Text. Auch der Strophenbau ist deutlich unterschiedlich; bei Kurt Müller-Osten hat er (in seiner eigenen graphischen Anordnung) am Beispiel der ersten Strophe folgendes Aussehen:

[1] Von Kurt Müller-Osten findet sich neben diesem Lied nur noch *Also liebt Gott die arge Welt* mit der Melodie von Gerhard Schwarz im EG (Nr. 51).

[2] Dazu Jürgen Henkys/Martin Rössler, HEG III/8, 20–25. Klepper formt Phil 4,4–7 zu seinem eigenen Hochzeitslied.

[3] EG 239,3: *was euch je bedrängt,/ Er weiß alles, was ihr hofft und bangt*; 5: *Die sein Reich schon hier im Glauben sahen,/ holt der König dann mit Ehren ein.*

In dem Herren freuet euch,
freut euch allewege!
Der am Kreuz den Sieg errang,
der ins Reich der Himmel drang,
ist nah
auf eurem Stege.

Es überrascht, dass in der fünften Zeile zwei Silben herausgestellt werden. Dieser inhaltliche Fingerzeig, den Christian Lahusen in seiner Vertonung aufnimmt (s. u.), betrifft in den folgenden Strophen die Worte *allstund*[4], *erscheint*, *führt euch*, *das Herz* und *sein Volk*, keine Randworte. Müller-Osten hält sich sehr dicht an den Bibeltext in Luthers Übersetzung[5]. In diese Verse schreibt er seine Christologie ein. Christus hat am Kreuz den Sieg errungen, ist gen Himmel aufgefahren. Sein Heil und seine Gegenwart - der Herr ist nah! - erfüllt die Seinen *allerzeiten*, *allewege*, *allstund*, umfassend. Christus erscheint vor den Toren, er hilft aus dem Tod. Die ihm folgende Gemeinde soll sich trotz der zu erwartenden Trübsal in Christus freuen. Die Aspekte des Leidens, die in Phil 4,4–7 kaum hervortreten, werden im Lied nachdrücklich betont[6]. Doch die Freude, das zentrale Thema des Philipperbriefes[7], überwiegt das Leiden; so wird die Freude auch bei Müller-Osten zum zentralen Thema.

Haben wir durch das Lied eine deutlich gezeichnete Figur Christi vor Augen, wer er ist und was er für die Seinen tut, so finden wir auch eine Beschreibung der Christus nachfolgenden Gemeinde: Sie sind auf dem *Stege*, was nicht nur ein altes Reimwort für *Wege* ist, sondern auch die Gefahr eines solchen schmalen, über Abgründe oder Wasser führenden Weges betont. Sie sind vom Feind *mit Finsternis* in ihrem Schritt umhüllt. Aber sie sind *um den Herrn geschart*, sie sind zu Mehreren, Viele, eine Schar (Offb 7,9). Die negativen Seiten werden nicht verschwiegen: Sie sind stolz, sie sorgen sich, sie müssen daran erinnert werden, Gott mit Danken zu bitten, denn sie bewegen sich auf einem *schmalen Pfad*, eingeschränkt, auf einem Weg, den sie nur ihr Herr führen kann, damit sie am Ziel ankommen. Der Friede Christi behütet Herz und Sinne. Darin liegt die Freude der Christen. Gefährdet durch Kreuz und Not leben sie in der Erwartung, dass der, der selbst durch den Tod ging, auch sie aus dem Tod *heben* wird.

[4] Im EG ist dieses Wort in *all Stund* aufgeteilt.

[5] Wer synoptisch Bibeltext und Lied nebeneinander hält, erkennt den Imperativ aus Phil 4,4 wieder, einschließlich des *allewege*. Die *Lindigkeit* (Phil 4,5) - inzwischen durch das eher verständliche *Güte* ersetzt - soll allen Menschen (hier pars pro toto durch Augen und Ohren als zentrale Organe des Sehens und Hörens wiedergegeben) kundgetan werden. Nah ist der Sieger, der Herr. Phil 4,6 weist die Sorge zurück und setzt Bitten und Danken an deren Stelle (*Werft das stolze Sorgen fort, bittet Gott mit Danken*). Schließlich ist der Friedenswunsch Phil 4,7 bis in die Einzelheiten in die Dichtung aufgenommen: *Friede höher als Vernunft … wird dir … hüten … das Herz und alle Sinne.*

[6] Ernst Lohmeyer bemerkt in seinem einflussreichen Kommentar zum Philipperbrief (Kritisch-exegetischer Kommentar IX, Göttingen 1930, 167), dass der innere Zusammenhalt der mit Phil 4,4ff einsetzenden Paränese „klar und verständlich“ ist, „wenn man sie unter dem Gesichtspunkte des Martyriums betrachtet.“

[7] Vgl. Phil 1,4.13.18.25; 2,2.17f.29; 3,1; 4,1.4.10.

Die erste Strophe bietet eine Zusammenfassung des Folgenden und stellt das Lied in den Zusammenhang des doppelten Advents Christi.[8] Der Herr ist nahe, weil er gekommen ist - und weil er wiederkommen wird. Christus am Kreuz, nach menschlichen Maßstäben ein erfolgloses Ende, ist bereits der Sieger über den Tod, den Feind, die Finsternis, das Sorgen und alle Not.

Die zweite Strophe bietet kaum Anklänge an Philipper 4,4–7, von denen das Lied sonst so reich ist. Wird diese Strophe aber als Kommentar zur ersten gelesen, dann führt sie zum Bekenntnis *Der Herr ist nahe!* Die christologische Tiefe der ersten Strophe (*Kreuz, Sieg, Reich der Himmel*[9]) besteht darin, dass hier der gegenwärtige Herr bekannt wird, der den Kampf schon hinter sich hat und als Sieger daraus hervorgegangen ist. In seinem Sieg[10] und seiner Auferstehung liegen Sieg und Auferstehung der Seinen. Der Kampf der Christen liegt nicht nur auf einer äußeren Ebene, sondern ist auch ein geistlicher Kampf. Der Feind verbreitet Finsternis, er setzt darauf, dass die Christen ihren Herrn nicht erkennen oder nicht mehr mit ihm rechnen. Wer auf dem *Stege* ist, rechnet damit, dass der Schritt *umhüllt*[11] ist. Die Möglichkeit *Mag der Feind ...* ist zur Realität geworden. Aber *seid nur um den Herrn geschart*, denn der ist gegenwärtig und nah. Es wundert nicht, dass dieses Lied viele Imperative nutzt[12], denn die Angesprochenen sollen wachgerüttelt werden für den nahen und kommenden Herrn, *dessen Heil und Gegenwart / all Stund euch kann erfüllen.* Heil und Gegenwart sind hier sehr unmittelbar gedacht, eine Erinnerung an Wort und Sakrament scheint dem Autor nicht nötig.

In der dritten Strophe steht die *Lindigkeit* der Christen im Vordergrund; gedacht ist wohl an die Güte und Freundlichkeit nach außen. Sie soll kund werden, nach außen dringen. Der Zusammenhang mit dem Vorausgehenden wie dem Folgenden bereitet Mühe.[13] Die angeredete Gemeinde weiß um den Inhalt ihrer Verkündigung[14], ist selber nicht Bestandteil der Verkündigung. Sie

[8] Seit alters ist Phil 4,4–7 die Epistel zum 4. Advent, sie bindet Freude und Nähe zusammen.

[9] Die Verbindung des Ausdrucks *Reich der Himmel* mit einem Hineindringen kommt praktisch nur Lk 16,16 vor.

[10] *Der am Kreuz den Sieg errang* spielt auf *der Löwe aus Juda hat den Sieg errungen* aus Offb 5,5 an.

[11] Im EG begegnet dieses Wort nur noch bei Jochen Klepper (EG 452), dort im positiven Sinne. Hier erinnert es an den Gebrauch bei Tobias Clausnitzer: *Unser Wissen und Verstand / ist mit Finsternis umhüllet,/ wo nicht deines Geistes Hand / uns mit hellem Licht erfüllet*, im EKG (127,2) und EG (161,2) mit *verhüllet*, aber im DEG noch mit diesem Wort. Ob hier eine bewusste Anspielung vorliegt?

[12] In der Erstveröffentlichung steht hinter *allewege*, *erfüllen*, *Ohren*, *Danken*, *allerzeiten* [nicht *allezeiten* wie im EG] jeweils ein Ausrufezeichen und kennzeichnet die Imperative auch graphisch.

[13] Lohmeyer aaO., 167 bringt auch hier den Gedanken des Martyriums („frohe Gelassenheit, die alles Leiden und Unrecht zu ertragen vermag“, ebd. 168) ein. Ulrich B. Müller (Der Brief des Paulus an die Philipper, Theologischer Handkommentar zum Neuen Testament 11/I, Leipzig [2]2002, 197) spricht von einer „missionarische[n] Dimension innergemeindlichen Verhaltens“). Hans-Joachim Iwand (Predigt-Meditationen I, Göttingen [4]1984, 250) hält die Aufforderung für eine Milderung des Rechtes, das „eine mildernde, den anderen in seinem Anders-Sein, auch in seinem ‚religiösen‘ und ‚ethischen‘ Anderssein gelten lassende Wirkung“ ausübt.

[14] Paulus nutzt nicht umsonst den passiven Imperativ!

soll aber so leben, dass andere aufmerksam werden, warum sie anderen mit Lindigkeit, mit Milde, mit Güte begegnet. Christus steht vor der Tür, und zwar nicht allein[15], er ist der Sieger, den niemand mehr verbannen oder aufhalten kann. Seine Epiphanie[16] steht kurz bevor.

Daher ist jedes Sorgen unnötig, so die vierte Strophe, ja, jedes Sorgen wäre *stolz*, da es wieder auf die eigenen Möglichkeiten zurückwirft, die nicht nur begrenzt sind, sondern auch vollkommen fehl am Platze, wenn der kommt, der für die Seinen sorgt (1. Petr 5,7). Diese Strophe führt ins Gebet hinein, und das Gebet erweist sich als der Ort, wo in Demut die eigene Lage und Hilfsbedürftigkeit, aber auch die Zuwendung zu Gott und das Danken ihren Platz haben.[17] Es ist ja die Zeit seiner Gnade (2. Kor 6,2). Dass die Gnade leuchtet, soll wohl an das Leuchten des Angesichtes Gottes erinnern (4. Mose 6,25), wie es im Aaronitischen Segen heißt. Diese Gnade leuchtet auch auf schmalem Pfad, jede Einschränkung inbegriffen, ob sie nun materiell ist oder ob sie in der Anfechtung besteht, den Weg Gottes nicht mehr erkennen zu können. Auch hier ist das im Erstdruck als eigene Zeile hervorgehobene *führt euch* zu beachten. Gott lässt die Seinen nicht im Stich, auf keinem Weg, *in allen Dingen* (Phil 4,6).

Die fünfte Strophe setzt ihr Thema im ersten Wort: *Friede*[18]. Nicht als Wunsch[19], sondern korrekt im Futur greift Müller-Osten den Vers auf (*wird dir … hüten*). Dabei wird der Komparativ (*höher als Vernunft*) ins Räumliche transponiert – so steht der Friede auf einer Stufe mit dem motivisch aus der vorhergehenden Strophe übernommenen *Licht*. Ob in bewusster Anspielung auf die *Zinne*, auf der die Wächter sehr hoch stehen[20], oder ob Müller-Osten vom griechischen Verb φρουρεῖν inspiriert war[21] – Gott schenkt beides. Dieser Friede ist nicht abhängig von dem Ansturm der Feinde, er (be-)hütet sowohl heute als auch zu *jeder Frist*[22], zu jeder, auch begrenzten Zeit, weil dieser Friede von dem wiederkommenden, vor den Toren stehenden Jesus Christus kommt und dieser sowohl die Mitte des menschlichen Lebens und Fühlens

[15] Die Wendung *Christus mit dem lichten Heer* stammt aus Offb 19,14: Christus folgt *das Heer des Himmels auf weißen Pferden, angetan mit weißem, reinen Leinen.*

[16] In der fünften Zeile des Erstdruckes wird das Wort *erscheint* (o. o.) als eigene Zeile hervorgehoben.

[17] Schön Iwand, aaO., 251: „Wo der Herr ist … wird der Raum frei zum *Gebet*, also dazu, Gott zum *Mitwisser* all unserer Not und Bitten zu machen."

[18] Im Original mit nachgestelltem Komma – das setzt den Frieden deutlich ab.

[19] Vgl. den Kanzelsegen nach der Lutherbibel vor 1984: *Und der Friede Gottes … bewahre eure Herzen und Sinne …*

[20] Vgl. EG 147,1. Philipp Nicolai lässt die Wächter ja den vor den Toren stehenden Christus ankündigen.

[21] φρουρεῖν bedeutet auch „eine schützende Mauer bauen", vgl. Walter Bauer, Wörterbuch zum Neuen Testament; Müller-Osten könnte diese Bedeutung bei Martin Doerne gefunden haben (Furcht ist nicht in der Liebe. Homiletische Auslegung der Alten Episteln, Berlin 1947, 16), der etliche seiner Predigtmeditationen in den Pastoralblättern hatte vorab drucken lassen.

[22] Das Wort *Frist* ist heute juristisch geprägt; der Sprachgebrauch früherer Jahrhunderte verrät eine Nähe zu „Zeit" („zu aller/jeder Frist" = zu aller Zeit, vgl. EG 80,4; 100,2; 114,3; 121,3; 422,3), möglicherweise schon in der Nähe zu „begrenzter Zeit" (EG 343,1), wie es auch von Jochen Klepper (EG 64,4) gebraucht wird.

prägt als auch deren Auswirkungen (*Sinne* entspricht auch den Gedanken) bewahrt.

So kann abschließend die sechste Strophe auf die erste zurückgreifen, die Freude einprägen, zu allen Zeiten, auf allen Wegen, zu jeder Stunde. Bislang waren die Vielen angeredet, jetzt stehen die Vielen in einer Person zusammengefasst: in der Kirche. Es ist im EG einmalig, dass die Kirche mit *du* angesprochen wird. Die abschließende Verheißung bindet diese Kirche mit ihrem Herrn zusammen (vgl. Mt 10,38/Lk 14,27), der im Erdulden[23] *von Kreuz und Not* (Hebr 12,2) vorangegangen ist. Die Zeit der Kreuzesnachfolge ist begrenzt, der Tod begrenzt nicht die Gemeinschaft mit dem Herrn, aber nach dem Tod wartet der aus dem Tod und durch den Tod Gegangene auf seine Gemeinde. Die Kirche ist hier keine eigenständige Größe, sondern wird ausschließlich mit ihrem Herrn zusammengesehen. Der Autor des Liedes, der im Hintergrund bleibt, die Worte des Paulus aktualisiert und auch in dieser Kirche mit den anderen unterwegs ist – wie die Kirche *allstund, allerwege* und *allezeiten* unterwegs ist –, ruft angesichts des nahen Herrn zum Freuen und Dabeibleiben auf.

Die Melodie von Christian Lahusen[24] besticht wie viele seiner Melodien, die Aufnahme ins EG fanden, durch formale Schlichtheit, enge Textbezogenheit und leichte Lernbarkeit. Damit steht sie in der Tradition der Singbewegung des frühen 20. Jh. und knüpft formal an barocke Vorbilder an. Sie hat drei Teile, die jeweils zwei Zeilen des Textes vertonen.[25] Die rahmenden Teile nehmen den Ton der Freude auf, der Spitzenton *d’’* wird auf *freuet* erreicht und auf *freut euch* wiederholt. Die fünfte Zeile – bei Müller-Osten gesondert hervorgehoben – wird auch bei Lahusen herausgestellt; ein Sextsprung nach oben betont die beiden Silben. Die Zeilen drei und vier ähneln einander; während Zeile drei einen Schluss nach unten bietet, führt der Weg der vierten Zeile nach oben und bereitet den erwähnten Sextsprung der fünften Zeile vor.

Dass Lahusen die Melodie direkt als Teil eines dreistimmigen Satzes komponiert hat, ist wahrscheinlich; der Satz ist schlicht, aber wirkungsvoll und steht ganz im Dienst des Textes:

[23] Vgl. 1. Kor 4,12 und Hebr 12,7 mit der Herausstellung des Duldens.

[24] Im Original steht sie in G; da das EG das Lied in F setzt, werden die Notenbeispiele auch in F gegeben. Der Melodieraum umfasst *f’* – *c’’* und wird pointiert durch *d’’* überschritten.

[25] Jeweils zwei Takte gelten der ersten wie zweiten Zeile, ebenso der dritten und vierten, die allerdings auf Taktzeit drei endet (im Original mit einer Fermate hervorgehoben!), die fünfte Zeile (nach der originalen Textanordnung) hat den Auftakt und den ersten Ton des vorletzten Taktes.

Die abschließende Betonung

fällt auf *(Christus) ist nah, (dessen Heil ...) all Stund, (Christus) erscheint, (seine Gnade) führt euch, (Friede hütet in Jesus Christ) das Herz* und *sein (= Christi) Volk* und damit auf den christologischen Schwerpunkt des Liedes.

Siegfried Meier

369 Wer nur den lieben Gott lässt walten

EG 369ö GL2 424(ö) RG 681ö(+) KG 541(ö+) CG 866 (ö+) EM 367(ö)

Text

Verfasser Georg Neumark **Entstehung** nach Neumarks eigenen Angaben 1641/42 entstanden (Ludscheidt [1996] und Ludscheidt [2002], 177 **Vorlage** Ps 55,23 **Quelle** *G. Neumarks von Mühlhausen aus Thüringen Fortgepflantzter Musikalisch-Poetischer Lustwald*, Jena 1657 (DKL 1657[19]) **Überschrift** *Trostlied. Das GOTT einen Jeglichen zu seiner Zeit versorgen und erhalten will. Nach dem Spruch: Wirf dein Anliegen auf den Herrn, der wird dich wohl versorgen cc.* **Ausgaben** FT IV,365; Faks in JLH 30 (1986) 58f; Wunderhorn, 231 **Strophenbau** A9/4a-A8/4b, A9/4a- A8/4b, A8/4c A8/4c vgl. Frank, 6.38 **Abweichungen** 1,3 *Der wird Ihn wunderlich* erhalten; 3,5 *Gott der uns Ihm hat auserwehlt;* 6,1 sehr *schlechte* Sachen * GL, KG und CG: ohne Strn. 3–6 * EM: ohne Str. 5 **Verbindung TM** wie EG * weitere eigene Melodien: Z II,2779–2799 (1675–1868), 2872a (1799), 2876 (1844) * Lehnmelodien: Z II,2767 (1738, verbunden 1805), 2777 (*Wohl dem, der weit von hohen Dingen*, verbunden 1694), 2806 (1738, verbunden 1786), 2871 (1785, verbunden 1815), 2880 (1823, verbunden 1869), 2881 (1775, verbunden 1785), 2886 (1785, verbunden 1847) * Melodien, die als *Wer nur den lieben Gott lässt walten* benannt sind: Z II,2835, 2861b (1714–1747)

Melodie

Incipit -512 3b_21_2 -7-5 **Verfasser** Georg Neumark **Quelle** s. o. **Ausgaben Z** II,2778; Faks s. o. **Ambitus** G: 8; Z: 6b4(6b4)44b **Abweichungen** Q: Zeile 4, N. 1: Ton höher, N. 7: Ton tiefer * GL2: Melodiefassung J. S. Bach um 1736/37 im 4/4-Takt und mit zahlreichen Abweichungen * RG, EM: mit 4st. Satz nach Neumark **Verbindung MT** *Mir ist Erbarmung widerfahren* (EG 355, RG 209); *Mein Gott, wie bist du so verborgen* (RG 715; EG regional); *Wer weiß wie nahe mir mein Ende* (RG 754)

Literatur

HEKG (Nr. 298) I/2, 451f; III/2, 296–299; Sb, 466f; HEG II, 226f ** WGL III, 157f; ÖLK, Lfg. 3; ThustB, 328f ** KLL (1878–1886) II, 363; EEKM (1888–1895) IV, 296–303; NSKA (1971ff) 35; MöllerQ (2000), 159–161 ** BRUPPACHER **1953**, 306f * RÖBBELEN, Ingeborg: Theologie und Frömmigkeit im deutschen evangelisch-lutherischen Gesangbuch des 17. und frühen 18. Jahrhunderts, Göttingen/Berlin **1957**, 345f * FRIESE, Hans: Wer nur den lieben Gott läßt walten. Georg Neumark und sein Lied. Berlin **1960** * RAPP, Hans Reinhard: Wer nur den lieben Gott lässt walten, in: Horst Nitschke (Hg.): Aus dem Gesangbuch gepredigt. Predigten, Meditationen, Gottesdienste, Gütersloh **1981**, 83–87 * TRUNZ, Erich: Wer nur den lieben Gott lässt walten. Georg Neumarks Lied und seine Entstehung in Kiel, JLH 30 (**1986**) 49–65 * MARTI, Andreas: „Wer nur den lieben Gott lässt walten" – ein Rest modaler Melodiebildung?, JLH 31 (**1988**) 109–115 * LUDSCHEIDT, Michael: Ut fert divina voluntas: „Wie mein Gott will, so halt ich still." Zum 375. Geburtstag des Dichters Georg Neumark, in: Palmbaum. Literarisches Journal aus Thüringen 4/2

(1996) 75–86 * HENKYS, Jürgen: Wer nur den lieben Gott lässt walten, in: Wunderhorn **2001**, 231–238 * LUDSCHEIDT, Michael: Georg Neumark (1621–1681). Leben und Werk, Heidelberg **2002**, 84–89 * FISCHER, Michael: Wer nur den lieben Gott läßt walten (**2007**), in: Populäre und traditionelle Lieder. Historisch-kritisches Liederlexikon. URL: http://www.liederlexikon.de/lieder/wer_nur_den_lieben_Gott_laesst_walten/ * WALTER, Meinrad: Lebenskunst im Kirchenlied. Zu Georg Neumarks Lied „Wer nur den lieben Gott lässt walten“, MS(D) 127 (**2007**) 255–256 * BRESGOTT, Klaus-Martin: Wer nur den lieben Gott lässt walten EG 369, in: Bresgott/Arnold **2011**, 213–216 * FUHRMANN, Siri: Du das Deine, Gott das Seine. „Wer nur den lieben Gott lässt walten“, MS(D) 133 (**2013**) 236f

Das siebenstrophige Vertrauenslied ist als einziges aus dem Schaffen Georg Neumarks im Gebrauch geblieben.[1] Mit der kongenialen Vertonung durch den Autor selbst ist es in den Gesangbüchern verschiedener christlicher Konfessionen präsent. Ungewöhnlich ist die biographische Einordnung, die der Autor selbst im Rückblick vornimmt. Etwa 40 Jahre nach Entstehung des Liedes diktierte der Sechzigjährige seine Lebenserinnerungen, die als Anmerkung zu den Strophen 20/21 seiner letzten Dichtung, „Thränendes Haus-Kreuz“, 1681 erschienen.

Ihnen zufolge befand er sich 1641/42, nach Abschluss seiner Gothaer Gymnasialzeit, auf der Reise nach Königsberg, wo er Jura studieren wollte. Der 30jährige Krieg hatte in seiner französisch-schwedischen Phase an Grausamkeit zugenommen. Die umherziehende Soldateska machte die Straßen auch im thüringisch-sächsischen Raum unsicher, so dass sich der angehende Student vorsichtshalber einem von Bewaffneten gesicherten Kaufmannszug anschloss.[2] Dennoch fielen die Reisenden auf der Heide bei Gardelegen einem Überfall zum Opfer. Neumark verblieben nur sein „Gebet und Stambuch“, „auch ein weniges an Gelde“, ein erstes „Reise-Unglükk“[3], dem weitere folgen sollten.

Auch wenn das erwähnte Stammbuch, Nachweis seiner Bildung und akademischen Kontakte, Türen in der späthumanistischen Standeskultur öffnete,[4] wurden seine Hoffnungen auf eine Anstellung als Hauslehrer immer wieder enttäuscht. Ob in Magdeburg, Lüneburg, Winsen an der Luhe oder Hamburg, auch die besten Empfehlungen verschafften dem musikalisch und pädagogisch Versierten keine Bleibe. „Alles angewandten Fleißes ungeacht wolte sich vor mich nichts finden“,[5] so dass „meines lieben Gottes Hülfe sich noch immer verborgen hielte“[6]. Auch in Kiel ließ es sich zunächst wieder so an, „als wolte der Liebe Gott noch nicht helffen / deswegen ich aufs neue in großen Kummer geriehte“. So „wurde ich so melancholisch / daß oftmals ich des Nachts in meiner Kammer den lieben Gott / mit heisen Thränen knieend um Hülfe

[1] Ähnlich J. M. Meyfart mit *Jerusalem, du hochgebaute Stadt* oder M. Rinckart mit *Nun danket alle Gott / mit Herzen, Mund und Händen.*

[2] So Ludscheidt 2002, 62f.

[3] Thränendes Haus-Kreutz, CV [im Folgenden THK], zitiert nach Trunz, 51.

[4] Ludscheidt beschreibt die Pflege des Standesbewusstseins in der „nobilitas litteraria“, aaO., 66.

[5] THK, Trunz, 51.

[6] THK, Trunz, 52. Hier auch die beiden folgenden Zitate.

anflehete / welches mein Weinen und Klagen der liebe und barmhertzige Gott / des Güte alle Morgen neu / und mich über mein Vermögen nicht versuchte / endlich gantz unvermeint angesehen / und mir schleunig seine grose Gnade und Hülfe erscheinen ließ".

Seine Gönner, Oberpfarrer Christophorus Basileus Becker und der Stadtphysikus Paul Moth, konnten ihm im Januar 1642 beim Kieler Amtsschreiber Steffen Henning die Stelle eines Hauslehrers verschaffen.[7] „Welches schnelle / und gleichsam vom Himmel gefallene Glükk / mich hertzlich erfreuete / und noch des ersten Tages / meinem lieben Gott zu Ehren / das hin und wieder wohl bekannte Lied: Wer nur den lieben Gott läst walten / und hoffet auf ihn allezeit / den wird er wunderlich erhalten in aller Noht und Traurigkeit / etc. aufzusetzen / und hatte gnug Ursache / der Göttlichen Barmhertzigkeit / vor solche erwiesene unversehene Gnade / so wol damals / als noch itzo und biß an mein Ende / hertzinnigklich Dank zu sagen."[8]

Bis zur Drucklegung vergingen 16 Jahre. Neumark war zwischenzeitlich am Hofe Herzog Wilhelms II. in Weimar Bibliothekar und Geschäftsführer der Fruchtbringenden Gesellschaft, einer angesehenen Vereinigung für Literatur und Kunst. 1657 veröffentlichte er unter dem Titel „Fortgepflanzter Musikalisch-Poetischer Lustwald" in zweiter Auflage die Sammlung weltlicher und geistlicher Lieder und Gedichte,[9] in der auch sein beliebtester Choral enthalten war.[10]

Der Titel knüpft an die von Martin Opitz in seinem „Buch von der Deutschen Poeterey" (1624) beförderte Praxis antiken Ursprungs an, Sammlungen von Gelegenheitsdichtungen unterschiedlicher Gattungen und Entstehungszeiten als „Silvae" herauszugeben[11], eine metaphorische Anspielung auf die Artenvielfalt und das langsame Wachstum des Waldes.

Neumarks Lyriksammlung weist vielfältige Formen, Themen und Motive auf sowie „eine bemerkenswerte Virtuosität in der Handhabung unterschiedlichster Metren und Strophenformen".[12] Die poetische Qualität spiegelt sich auch in seinem Vertrauenslied wider, beispielsweise in Alliterationen und Assonanzen sowie dem kunstvollen Aufbau, in dem die erste Strophe als These, die letzte als Conclusio und die mittleren als Konkretisierungen und Vorbereitung der Schlussfolgerung gelesen werden können.[13] Die Strophenform ist mit ihrer Folge von vier Viertaktern in Kreuzreim und zwei Viertaktern in Paarreim eher schlicht und unter den Zeitgenossen weit verbreitet.

Die Geistlichen Lieder des „Lustwaldes" dienten zunächst der persönlichen Andacht des Einzelnen oder des vertrauten Kreises. Neben Morgen- und Abend-

[7] Ludscheidt, aaO., 85.

[8] THK, Trunz, aaO., 53.

[9] Neumarks „Poetisches musikalisches Lustwäldchen" erschien erstmals 1652 in Hamburg, in zweiter vermehrter Auflage unter dem Titel „Fortgepflanzter musikalisch-poetischer Lustwald" 1657 in Jena.

[10] Im Faksimile abgedruckt in Trunz, aaO., 58ff.

[11] Ludscheidt, aaO., 322.

[12] So Ludscheidt, aaO., 329.

[13] So Martini, ÖLK, Lfg. 3.

liedern, Passions-, Oster- oder Abendmahlsliedern stehen solche des persönlichen Ergehens, darunter *Wer nur den lieben Gott lässt walten.* Ihre Intention ist im „Nohtwendigen Vorbericht“ zum Ausdruck gebracht, nämlich „eine flammende Andacht zu erweckken / eyferig aufzufecheln / und mit solcher singend oder lesend heraus zu brechen“.[14]

Die meisten Tonsätze des „Lustwaldes“ hat Neumark selbst komponiert.[15] Er nimmt Entwicklungen seiner Zeit auf, indem er zu Singstimme und Generalbass instrumentale Begleitstimmen hinzufügt und Einleitungssinfonien voranstellt, die motivisch auf die nachfolgende Melodie hinführen. Die Harmonik ist mit ihren Vorhaltbildungen recht farbig.[16] Neumarks musikhistorische Bedeutung wird inzwischen hoch geschätzt.[17] In der Verbindung von Poesie und Musik gewinnt er sein besonderes Format.

Im Erstdruck ist dem Lied *Wer nur den lieben Gott lässt walten* eine Deutung aus eigener Hand vorangestellt: „Trostlied. Dass Gott einen Jeglichen zu seiner Zeit versorgen und erhalten wil. Nach dem Spruch: Wirf dein Anliegen auf den Herrn/ der wird dich wohl versorgen/ etc.“ (Psalm 55,23) So entspricht der Choral den Barockliedern, die vom biblischen Kern, insbesondere von Psalmen ausgehen, wie *Befiehl du deine Wege* (EG 361) oder *Wohl denen, die da wandeln* (EG 295). Auch wenn die weiteren Verse des Psalms 55 nicht vorkommen, ist sein Horizont mit der Schilderung der Not des Beters, der täglichen Bitte um Hilfe *alle Morgen* (Str. 2), der Rettungserfahrung und auch der Hoffnung auf den Sturz der Feinde gegenwärtig, sogar mit dem letztgenannten Motiv (Str. 5–6). In seiner Kieler Zeit hatte Neumark offenbar auch mit feindlicher Gesinnung Bekanntschaft gemacht, wenn andere ihn „schälsichtig“ ansahen wegen seiner „Tischgängerey“[18]. Ganz im Horizont seiner Zeit ist das Lied aber nicht mehr Paraphrase des biblischen Textes, sondern Betrachtung mit loser Beziehung zur biblischen Grundlage.

Auffällig ist die Typographie. Im Original sind jeweils die letzten beiden Strophenzeilen durch eine größere Type hervorgehoben, die damit als Quintessenz kenntlich gemacht sind und den lehrhaften Charakter des Liedes unterstreichen. Die „argumentative Grundstruktur“ mit rhetorischen Fragen *Was hilft es* (Str. 2), Annahmen und Erinnerung an bekannte Sachverhalte *Denk nicht* (Str. 5), *Es sind ja Gott sehr leichte Sachen* (Str. 6) ist unverkennbar.[19] Man kann manchen Sätzen Schlichtheit und Anspruchslosigkeit vorwerfen[20] oder einen Mangel an christologischer oder soteriologischer Bestimmung[21] zugunsten eines schöpfungstheologisch begründeten Gottvertrauens. Auf dieser Linie liegt bei-

[14] Zitiert nach Ludscheidt, aaO., 326.
[15] Ludscheidt identifiziert 54 der Tonsätze aus Neumarks Feder, aaO., 329.
[16] Faksimile, s. Anm. 10.
[17] So John H. Baron, Neumark, in: Stanley Sadie (Hg.), The New Grove Dictionary of Music und Musicians Vol. XIII (1980), 128, nach Ludscheidt, aaO., 332.
[18] THK, Trunz, aaO., 52.
[19] Martini weist sie im Einzelnen auf, aaO.
[20] So Martini, aaO.
[21] So Röbbelen 1957, 91.345f, zitiert nach Martini, aaO., Anm. 20.

spielsweise die spätere Interpolation im Berliner Gesangbuch, das in Str. 3,5 die Erwählung präzisiert als Erwählung *in Christo*[22]. Man kann aber auch im grundsätzlich weisheitlichen Duktus unaufdringliche Aufnahmen des zweiten Glaubensartikels entdecken. So ist die Erfahrung eigener Not in *Kreuz und Leid* (Str. 2) als Moment der Nachfolge Christi verstanden und Gottes Wille als *Gnadenwille* (Str. 3) näher bestimmt.

Das Lied zeigt auch Einflüsse des barocken Neostoizismus. Wichtigster Theoretiker der auf praktische Lebensbewältigung ausgerichteten und seit der Wende zum 17. Jh. etablierten Philosophie ist Justus Lipsius (1547–1606). Er entwirft in seinem Werk „De constantia libri duo“ (1584) eine religions- bzw. konfessionsneutrale Ethik für Notstandszeiten, in der er angesichts der irdischen Vergänglichkeit zur Beständigkeit mittels vernünftiger Einsicht rät.[23] Durch Bezwingung der Affekte ist das „Gemüte also“ zu „stercken und rüsten / das wir auch mitten unter dieser unruh und Kriegswesen rühig und zufrieden sein können“[24]. Dazu hilft das Vertrauen auf die göttliche Vorsehung als „eine macht und gewalt in Gott / dadurch er alles sihet / weis / und regieret“[25], vgl. *wie sein Allwissenheit es fügt* (Str. 3).

Mit der stoischen Weltsicht verbindet der Text die der biblischen Weisheit. Ihr geht es um die Einübung einer Lebenshaltung, die sich der Kontingenz stellt, zugleich am Ordnungscharakter der Schöpfung festhält und in diesem Spannungsverhältnis Regeln für das angemessene Verhalten sucht, ein „Reden von Gott mitten in der Alltagswirklichkeit des Menschen“[26]. Die Gottesfurcht gilt als Anfang der Weisheit, aber spezifische heilsgeschichtliche Theologumena spielen keine Rolle. Die poetische Sprachform mit Sprüchen und Sentenzen dient der Einprägsamkeit und der Weitergabe des Gelernten. Schon im Vorspruch des Liedes klingt die Lehre des Kohelet an, seine Einsicht in die Wechselfälle der Zeit, die, obwohl unergründbar, als von Gott gesetzt gelten[27], nochmals aufgenommen auch in der Wendung von den *rechten Freudenstunden*, die Gott allein kennt (Str. 4,1), und der *Folgezeit*, die *viel verändert* (Str. 5,5). Das Glück der Gottlosen und die Hoffnung auf ihren Fall (Str. 5,3.4; 6,3.4) ist häufig wiederkehrendes Thema der weisheitlichen Suche nach Gerechtigkeit. Sprüche Salomos 11,5 rechnet mit ihrem Fall und Hiob 21 buchstabiert ihr unverständliches Wohlergehen durch. Die Einübung in das Gottvertrauen ist das Ziel der Weisheit. *Verlass dich auf den Herrn …, gedenke an ihn in allen deinen Wegen, so wird er dich recht führen* (Spr 3,5), *sei stille dem Herrn und warte auf ihn* (Ps 37,7a). Die Abwehr falscher Sorge in der Bergpredigt (Mt

[22] *Gott, der in Christo uns erwählt,/ der weiß am besten, was uns fehlt*, zitiert nach www.liederlexikon.de: Gesangbuch zum gottesdienstlichen Gebrauch für evangelische Gemeinen. Mit Genehmigung Eines hohen Ministerii der geistlichen Angelegenheiten, Berlin [1829], 355f (Nr. 635).

[23] Darauf macht Fischer aufmerksam, aaO.

[24] Zitiert nach Volker Meid, Die deutsche Literatur im Zeitalter des Barock. Vom Späthumanismus zur Frühaufklärung 1570–1740, München 2009, 58.

[25] Zitiert nach Meid, aaO., 59.

[26] Claus Westermann, Art. Weisheit / Weisheitsliteratur II, TRE 35, 491.

[27] Pred 3,1–15.

6,25–34, vgl. Str. 2,1) hat wie auch die Aufforderung zum Bau des Hauses auf stabilem Grund (Mt 7,24–27, vgl. Str. 1,6) ebenfalls weisheitliche Wurzeln[28]. Ein ordnungstheologischer Aspekt lutherischer Provenienz zeigt sich schließlich in der Rede vom getreuen Verrichten des Eigenen (Str. 7,2). So löst sich der Text von der individuellen Ursprungssituation und zielt darauf, „die Glaubenserfahrung von Gottes verläßlicher Fürsorge für den Einzelnen im Blick auf einen möglichst weit gefaßten Adressatenkreis zu entschränken und zur verbürgten Regel zu machen“[29].

Die geforderte Glaubenshaltung bedarf allerdings nicht nur der Einsicht, sondern auch der Einübung, darum weiß man im 17. Jh. Die „Praxis pietatis“ ist noch Lehrgegenstand in der Praktischen Theologie, wie in Gisbertus Voetius’ Aszetik.[30] Die Lieder dienen nicht nur dem Gotteslob, sondern auch dem Aneignen der besungenen Lebenshaltung, s. Johann Crügers „Praxis Pietatis Melica“ mit ihrem sprechenden Untertitel: „das ist: Übung der Gottseligkeit in christlichen und trostreichen Gesängen“. Bis Mitte des 18. Jh. erschien dieses Gesangbuch in fast 50 Auflagen, in der von 1672 erstmals mit Neumarks Choral. Die stärker von persönlichen Glaubenserfahrungen geprägten Lieder, die mit der Wende zum 17. Jh. aufkamen, zielten auf die Vertiefung der Frömmigkeit. Die Andachts- und Erbauungslieder setzten sich gegen die reformatorischen und nachreformatorischen Bekenntnislieder durch.

Da Neumarks Choral kaum konfessionelle Prägung zeigt, wurde er ab 1800 auch im katholischen Kulturraum aufgegriffen, zunächst nur die Melodie, mit Text dann erstmals in der Sammlung „Kirchenlied“ (Freiburg 1938). Inzwischen steht er auch im Gotteslob, 1975 nur mit den Strophen 1, 2 und 7, seit 2013 (GL2) auch mit Str. 4 und 6.

Das Zeitübergreifende des Chorals zeigt sich an der Aufnahme in nahezu allen wichtigen evangelischen Gesangbüchern seit dem 17. Jh.[31] Sie verdankt sich einer Sprache, die konkret genug ist, um Erfahrungen anzusprechen, aber allgemein genug, um der Verschiedenheit Raum zu geben. Die barocke Prägung bleibt dezent, schwelgt weder in Pathetischem noch Blumigen. *Not und Traurigkeit*, *schwere Sorgen* und *Weh und Ach*, *Freudenstunden* und *des Himmels reicher Segen* sind nicht an die Zeit Georg Neumarks gebunden. Das von ihm angeregte Gottvertrauen klingt noch in Eichendorffs Gedicht *Wem Gott will rechte Gunst erweisen* (1826) nach, dessen vierte Strophe lautet: *Den lieben Gott laß ich nur walten;/ Der Bächlein, Lerchen, Wald und Feld / Und Erd und Himmel will erhalten,/ Hat auch mein Sach aufs best bestellt!*[32] Dass die geistliche Übung

[28] Mt 7,26 greift Spr 12,7 und 14,11 auf, s. Ulrich Luz, Das Evangelium nach Matthäus I, EKK I/1, 52002, 537 Anm. 10. Dass Jesus Sirach zum biblischen Hintergrund gehört, wurde bereits in HEKG III/2, 451, vermerkt.

[29] Henkys 2001, 233.

[30] Gisbertus Voetius, De theologia practica, 1646.

[31] Ludscheidt führt die Verbreitung auf: Allein zu Beginn des 18. Jh. war das Lied in elf Gesangbüchern des sächsisch-thüringischen Raumes aufgenommen, im 19. und 20. Jh. in allen wichtigen europäischen und überseeischen evangelischen Gesangbüchern, aaO., 86.

[32] Zitiert nach Fischer, www.liederlexikon.de, 22.08.14.

des „Stilleseins" auch dem Quietismus Vorschub leisten und politisch instrumentalisiert werden kann, zeigt eine Parodie aus einem Arbeiterliederbuch von 1894[33] sowie eine Liedpostkarte aus dem Ersten Weltkrieg, auf der die erste Strophe patriotischen und militaristischen Zwecken dient[34].

Für das Melodische gilt, was auch vom Sprachlichen gesagt werden kann: Konventionelles wird durch individuelle Prägungen ausgeglichen. Neumark hatte schon zu Schulzeiten nicht nur eine intensive poetische, sondern auch musikalische Ausbildung genossen, war ein guter Gambist und Cembalist. Die von ihm geschaffene Melodie setzte sich gegen andere durch, die eine Zeit lang daneben bestanden[35], und wurde zu einer der Hauptmelodien des EG. Im Laufe der Zeit wurden noch 400 weitere Lieder auf diese Melodie gesungen.[36]

Die Tonart war einige Zeit strittig. In Johann Sebastian Bachs Bearbeitungen, z. B. der Choralkantate von 1724, steht die Melodie eindeutig in Moll. Die originale Fassung erweckt hingegen den Eindruck eines Restes modaler Melodiebildung, da die sechste Stufe im 3. Ton der 2. Zeile nicht erniedrigt ist, *e* statt *es* notiert ist. Möglicherweise handelt es sich hierbei aber um eine Nachlässigkeit des Setzers, der sich die tonale Wendung wie häufig in der Praxis des 17. Jh. „zurechthörte". „Dadurch kam ein archaisierendes Element in die Melodie, das mit größter Wahrscheinlichkeit [...] auf einem Mißverständnis und mangelnder Quellenkritik beruht."[37]

Melodisch ausgewogen verteilen sich die Töne nahezu gleichmäßig um den Grundton herum. Der Spannungshöhepunkt liegt zu Beginn des Abgesangs. Der harmonische Verlauf zeigt im raschen Zugehen des Stollens zur Dur-Dominante und des Abgesangs zur Dur-Parallele der Tonika jeweils ein Moment der Öffnung, das mit einer sammelnden Bewegung aufgenommen wird, wenn die Melodie zum Grundton der Tonika zurückkehrt. Der harmonische Gesamteindruck in der Barform erhält allerdings in der Mitte des Aufgesangs eine leichte Irritation durch den plötzlichen Wechsel von der Durdominante im Halbschluss des Stollen zur Dur-Parallele der Tonika, mit der der Gegenstollen beginnt, im Quintenzirkel ein weiter Abstand von D-Dur zu B-Dur.

Rhythmisch wird das jambische Metrum ursprünglich in einem 6/4-Takt notiert, der gemeinsam mit den auftaktig empfundenen ersten drei Noten[38] jeder Verszeile einen beschwingten Charakter verleiht und die Aufforderung zum Unbesorgtsein im leichtfüßigen Duktus nahebringt. J.S. Bachs isometrische Fassung in der Choralkantate gleichen Titels aus dem Jahr 1724 (BWV 93) setzte sich demgegenüber im 18. und 19. Jh. durch, entsprach dem damals langsameren Singtempo, verlieh der Melodie aber einen getragenen Charakter, der eher die

[33] *Man bleibe nur in Ehrfurcht stille / und rüge keinen Uebelstand./ Wenn man auch deren eine Fülle / im heil'gen deutschen Reiche fand* usw., Max Kegel's Sozialdemokratisches Liederbuch, 3. Aufl., Stuttgart 1891, 86f.

[34] Darauf macht Michael Fischer aufmerksam, aaO., Abb. 1.

[35] Fischer spricht von 20 Melodien, die zum Text entstanden, aaO., III.

[36] Ludscheidt, aaO., 89.

[37] So das Resümee von Marti 1988, 115.

[38] Marti, ÖLK, Lfg. 3.

Schwere möglicher Widerfahrnisse als die Entlastung durch das Gottvertrauen zum Ausdruck bringt.

Wie populär Neumarks Choral durch die Jahrhunderte hindurch war, zeigt sich auch an der breiten musikalischen Rezeption in Vokal- und Instrumentalmusik. Bach nahm einzelne Strophen in weitere Kantaten auf (BWV 21, 88, 197). Georg Philipp Telemann schuf eine Choralkantate (TWV 1:1593), ebenso Felix Mendelssohn-Bartholdy (1829); und im Kinofilm „Vaya con Dios" (2002) wird das Lied von den drei Mönchen gesungen, die nach einem neuen Weg suchen.

Die Popularität des Liedes ist ungebrochen. Schon im 17. Jh. hatte es „fast volksliedhafte Verbreitung".[39] Im 21. Jh. ist es unangefochten in der Reihe der Wochenlieder und behauptet seinen Platz im Proprium des 15. Sonntag nach Trinitatis als Respons auf das Evangelium vom „Schätzesammeln und Sorgen" (Mt 6,25–34). Damit ist Neumarks dankbarer und tröstender Grundton weiter zu hören, der die Bilanz seines Lebens in der Altersschrift „Thränendes Haus-Kreutz" bestimmt, in ihren sprachlichen Wendungen dem Choral ganz nah. Im fiktiven Dialog antwortet Gott auf menschliche Zweifel: „Befiehle mir nur deine Wege / Und hoff auf meine Gütigkeit / Und dich nicht also heftig lebe / Auf kummer / Sorg' und Hertzeleid: Ich will ja schon in allen Sachen / Mit dir mein Knecht es also machen / Daß du solst preisen meine Hand die dich getröst in Kreutzes=Stand."[40]

CHRISTINE JAHN

[39] So Ludscheidt, aaO., 85.

[40] THK, Str. 19, zitiert nach Ludscheidt, aaO., 364.

377 Zieh an die Macht, du Arm des Herrn

EG 377(ö)

Text

Verfasser Friedrich Oser **Quellen** (a) Str. 1–3: *Kreuz- und Trostlieder* (Friedrich Oser), 2. Aufl. Wiesbaden 1865 * (b) Str. 4: *Liederbuch 1842–1874* (Friedrich Oser), Basel 1875 * (c) *Gesangbuch für die Evangelisch=reformierte Kirche der deutschen Schweiz,* Basel 1891 **Überschrift** (b) *312. Herr! du bist Gott!* **Strophenbau** A8/4a A7/3b-, A8/4a A7/3b-, A8/4c A8/4c A7/3x- vgl. Frank 7.7 ‚Lutherstrophe' **Abweichungen** (a) Strn. 1–3, 1,1 *Zeuch* an; Strn. 2 und 3 in vertauschter Reihenfolge * (b) nur Str. 4 = 2. Str. des Liedes *Herr! du bist Gott, und keiner mehr* (c) Kombination der Strn. von (a) und (b) zu einer fünfstrophigen Fassung: 1,1 *Zeuch* an; nach 3: 4. *Herr, du bist Gott, und keiner mehr* **Verbindung TM** (a) ohne M, unter dem Text Verweis: *Comp. von H. Küster* (S. 215 wird es in der Rubrik „Für gemischten Chor ohne Begleitung" nachgewiesen: H. Küster, 5 Lieder, componiert 1864; auf S. 197 wird dieser als Hermann Küster, geb. 1817, Organist und Musikdirektor in Berlin nachgewiesen) * (b): in der Q ohne M * (c): wie EG

Melodie

s. *Lobt Gott den Herrn, ihr Heiden all* (EG 293)

Literatur

HEKG (Nr. 223) III/2, 126–128; HEG II, 237f ** ThustB, 335f ** WGL1 III, 173f; RGL1, 668 ** Bruppacher (1953) 213 ** SPITTA, Friedrich: Weitere liturgische Kriegsbeiträge, MGKK 20 (**1915**) 33–36 (bes. 33f) * GERBER, Hermann: Sind Choräle langweilig?, Weg und Wahrheit 2 (**1947/48**) Nr. 29/30, 219 * BERGMANN, Bernhard: Werkbuch zum deutschen Kirchenlied, Freiburg i. Br. **1953**, 210–212 * LAUTERBURG, Otto: Nun danket alle Gott. Betrachtungen zu Liedern des Gesangbuchs der evangelisch-reformierten Kirchen der deutschsprachigen Schweiz, Bern **1953**, 108f * KRAMP, Willy, Die Sprache und das Wort. Eine Rede, in: Friedrich Hofmann (Hg.), Zeitgenössische Kirchenlieder - Grundausgabe, Berlin **1967**, 46–64 (bes. 62f) * AENGENVOORT, Johannes: Textprobleme im Kirchenlied heute, MuA 21 (**1969**) 111–124 * ELTZ-HOFFMANN, Lieselotte von: Lob Gott getrost mit Singen – Die schönsten Kirchengesangbuchlieder und ihre Dichter, Stuttgart **1980**, 93f * KRIEG, Gustav Adolf: Das Kirchenlied zwischen Traditionalismus und Säkularismus. Ein historischer und systematischer Beitrag zum Kriterienproblem in der Hymnologie, JLH 34 (**1992/93**) 22–56 (bes. 50) * MARTINI, Britta: Sprache und Rezeption des Kirchenliedes. Analysen und Interviews zu einem Tauflied aus dem Evangelischen Gesangbuch, Göttingen **2002**, 84 * OTHENIN-GIRARD, Mireille: Friedrich Oser (1820–1891): Ein vergessener Biedermeierdichter, Baselbieter Heimatblätter 67 (**2002**) 137–148 * BIERMANN, Matthias, „Das Wort sie sollen lassen stahn ..." Das Kirchenlied im „Kirchenkampf" der evangelischen Kirche 1933 bis 1945, Göttingen **2011**, 95–97

Wohlauf, wohlauf, zeuch Macht an, du Arm des HErrn! Wohlauf, wie vorzeiten, von alters her! Bist du nicht der, so die Stolzen ausgehauen und den Drachen verwundet hat? Bist du nicht, der das Meer der großen, tiefen Wasser austrocknete, der den Grund des Meers zum Wege machte, daß die Erlöseten dadurchgingen? (Jes 51,9f, Lutherbibel 1545). Von diesem Vers aus Deuterojesaja hat *Zieh an die Macht* seinen markanten Beginn erhalten. Der angesprochene *Arm des Herrn* in Jesaja 51 ist der starke Arm eines Kämpfers, eines ‚Drachenkämpfers' gar. Dies ist eine Anspielung auf Hesekiel 29,3, wo der Pharao mit einem Drachen verglichen wird. Auch die zuvor erwähnten „Stolzen" sind eine Metapher für Ägypten. Der Exodus-Kontext dieses Bildes wird in Jesaja 51,10 besonders deutlich. Der Kampf, den Gott führt, ist ein Befreiungskampf. *Mit mächtiger Hand und ausgestrecktem Arm,* wie es besonders im fünften Buch Mose des Öfteren heißt (z. B. 5. Mose 26,8), führte der Herr sein Volk aus der Knechtschaft Ägyptens in die Freiheit. Ebenso führt er in Deuterojesaja die exilierten Israeliten aus Babylon zurück ins gelobte Land. An diese *vorzeiten* gewirkten Heilstaten erinnert, wieder Jesaja 51,9 aufgreifend, auch das Lied (1,4). Gott hat sich bereits in der Vergangenheit als Befreiungskämpfer mit starkem *Arm* erwiesen. Das gibt Grund zur Hoffnung, dass er auch in gegenwärtigen Bedrängnissituationen helfen wird (1,3f); von daher rubriziert EG das Lied unter „Angst und Vertrauen".

In einer solchen Bedrängnissituation sieht sich das Wir des Liedes: Man ist in *Not* (3,4) und steht *im Kampfe Tag und Nacht* (1,5), *der Feind drängt um und um* (3,1). Ein Leitwort, das Str. 1–3 zusammenhält, ist *streiten* im Sinne von kämpfen (1,2; 2,3; 3,5). Den Hintergrund dieses Existenzverständnisses als Stehen *im Kampfe Tag und Nacht* (1,5) bilden Texte wie 2.Timotheus 4,7. Der Paulus zugeschriebene 2. Timotheusbrief eines unbekannten Verfassers ruft zum mutigen Einsatz für das Evangelium und zu treuem Festhalten am Glauben auf. In diesem Kontext lässt er ‚Paulus' sein Wirken als *guten Kampf* beschreiben. – Die Wendung *widerstehen bis aufs Blut* (3,6) ist dem Hebräerbrief entnommen: *Gedenkt an den, der so viel Widerspruch gegen sich von den Sündern erduldet hat, damit ihr nicht matt werdet und den Mut nicht sinken lasst. Ihr habt noch nicht bis aufs Blut widerstanden im Kampf gegen die Sünde* (Hebr 12,3f). Im Hebräerbrief ist von inneren Kämpfen die Rede, der *Feind* ist die Sünde. – Der Epheserbrief beschreibt den geistlichen Kampf *gegen die listigen Anschläge des Teufels,* für den die Gläubigen die *Waffenrüstung Gottes* anlegen sollen: *Umgürtet an euren Lenden mit Wahrheit und angetan mit dem Panzer der Gerechtigkeit, und an den Beinen gestiefelt, bereit, einzutreten für das Evangelium des Friedens. Vor allen Dingen aber ergreift den Schild des Glaubens, mit dem ihr auslöschen könnt alle feurigen Pfeile des Bösen, und nehmt den Helm des Heils und das Schwert des Geistes, welches ist das Wort Gottes* (Eph 6,14–17). Mit diesen *Waffen* soll die *Lebenskron* (2,7) errungen werden. Sie ist neutestamentlich gesprochen der Lohn für *Treue bis an den Tod* (Offb 2,10) bzw. für Bewährung in *Anfechtung* (Jak 1,12).

Letztendlich lässt das Lied unbestimmt, in welcher *Not,* in welchem *Kampf* – innerer oder äußerer – sich die Singenden befinden und um Gottes helfendes

Eingreifen bitten. Diese Leerstelle eröffnet breiten wirkungsgeschichtlichen Raum.

In Deutschland hatte das Lied seine Hoch-Phase in der ersten Hälfte des 20. Jh. ‚Entdeckt' wurde es von jugend- und singbewegten evangelischen Kreisen, die es in ihre Liederbücher aufnahmen und landesweit verbreiteten. So findet es sich z. B. im erstmals 1916 erschienenen, vom Burckhardthaus Berlin, einem Zentrum der evangelischen Jugendarbeit in Deutschland, herausgegebenen „Liederbuch für evangelische Vereine und Klubs junger Mädchen, in Studienkreisen und Bibelkränzchen, sowie für das deutsche christliche Haus und zum Kirchen=, Schul= und Unterrichtsgebrauch" mit dem Titel „Ein immer fröhlich Herz"[1]. Hier steht es in der Rubrik „Deutschland, hoch in Ehren" bzw. in der Neuausgabe von 1925 unter „O Deutschland, heilges Vaterland". Diese deutschnationale Einordnung mag zunächst überraschen, handelt es sich doch um ein Lied schweizerischer Herkunft, dessen vierte Strophe erstmals als Teil eines auf die Schweiz bezogenen „Vaterlandslied[es]" – so die Kapitelüberschrift – gedruckt wurde. Doch zeigt diese Rubrizierung deutlich, dass das Lied aufgrund seiner inhaltlichen Unbestimmtheit sich problemlos in ganz verschiedene Kontexte eingliedern lässt.

Zieh an die Macht umfasste ursprünglich nur die Strophen 1–3 und stammt von dem baselländischen Pfarrer Friedrich Oser (1820–1891)[2]. Es erschien zuerst in der zweiten erweiterten Auflage seiner Gedichtsammlung „Kreuz- und Trostlieder" (1865)[3], existierte aber bereits ein Jahr zuvor.[4] Wie aus dem beigefügten Verzeichnis mit Vertonungen der „Trostlieder" hervorgeht, wurde dieses Gedicht schon 1864 von Hermann Küster, Musikdirektor und Hof-Domorganist in Berlin, zusammen mit vier weiteren Oser-Liedern vertont; diese Komposition blieb aber ungedruckt und ohne Wirkung.

Die ursprüngliche Reihenfolge der Strophen war EG 377,1 (*Zieh an*) – 3 (*Drängt uns*) – 2 (*Mit dir*). Ihm liegt also eigentlich das Zeitschema Vergangenheit (*wie du getan vor Zeiten*, 1,3) – Gegenwart (der aktuelle ‚Kampf' des bedrängten Wir in Str. 2 orig.) – Zukunft (noch ausstehender *Sieg*, 3,1 orig.; *Erringen* der *Lebenskron* im Eschaton, 3,7 orig.) zugrunde.

Bei seinem Einzug in die Welt des Kirchengesangbuchs, nämlich in das „Gesangbuch für die Evangelisch=reformierte Kirche der deutschen Schweiz"

[1] 1920 erfolgte die Aufnahme in die erweitere Auflage der Bibelkreis-Lieder („B. K.-Lieder", hg. v. Paul Sturm); 1932 in die beiden neuen ev. Jugendliederbücher „Der helle Ton" (Jungen) bzw. „Ein neues Lied" (Mädchen) und 1938 in die katholische Sammlung „Kirchenlied" (hg. v. Jugendhaus Düsseldorf).

[2] Zu Oser vgl. HEG II, 237f; Othenin-Girard 2002, 137–148.

[3] Die erste Auflage der „Kreuz- und Trostlieder" entstand 1856 kurz nach dem Tod von Osers Tochter. Diese Erfahrung prägt Titel und Inhalt. – Die zweite Auflage behält den Titel, wurde aber auch um solche Lieder vermehrt, die nicht mehr unbedingt im engen Kreuz- und Trost-Kontext stehen, so auch *Zieh an die Macht*, das offenbar erst kurz vor dem Erscheinen der zweiten Auflage entstanden ist.

[4] Kulp nennt als Entstehungsdatum für das Lied den 10.1.1864, Bruppacher (dem HEKG III/2, 237 folgt) den 19.1.1864. Beide geben leider nicht an, welcher Quelle sie diese Daten entnehmen.

(Basel 1891), wurde es um zwei Strophen ergänzt und infolgedessen die Reihenfolge von Str. 2 und 3 vertauscht. Hier erhielt es auch die Melodie von Melchior Vulpius aus dem Jahr 1609 (vgl. EG 293), die sich seitdem fest mit dem Lied verbunden hat. Die beiden hinzugefügten Strophen stammen ebenfalls von Oser, waren jedoch ein selbständiges Gedicht: *Herr, du bist Gott, und keiner mehr*, erstmals gedruckt in seinem „Liederbuch 1842–1874“ (Basel 1875) unter den „Vaterländischen Liedern“. Dieses Gedicht greift zu Beginn die v. a. in Jesaja 45 gehäuft anzutreffende Selbstaussage JHWHs auf: *Ich bin der Herr, und sonst keiner mehr* (Jes 45,5.6) und formuliert sie als Bekenntnis: *Herr, du bist Gott, und keiner mehr.* Die zweite Strophe dieses Gedichts, also EG 377,4, enthält zwei Motive, die aus den ursprünglichen Strophen von *Zieh an die Macht* bekannt sind. In Str. 1,3–4 und 4,3–4 wird die in der Vergangenheit erfahrene Hilfe Gottes als Begründung für die gegenwärtige Hoffnung auf zukünftige Hilfe herangezogen; und in Str. 2,4 und 4,7 ist vom Lobgesang die Rede. Solche motivlichen Verbindungen wie auch der Einsatz beider Lieder mit einem Deuterojesaja-Zitat mögen über die Tatsache hinaus, dass hier zwei Texte mit gleichem Strophenbau vom selben Dichter vorliegen, Anlass gegeben haben, diese beiden relativ kurzen Gedichte zu einem fünfstrophigen Lied zu kombinieren. – In dieser Gestalt ist es im Gesangbuch Basel 1891 bei den Liedern für den Eidgenössischen Dank-, Buß- und Bettag eingereiht, denn die fünfstrophige Fassung ist ein vaterlandsbezogenes Dank- und Bittgebet zugleich. Bei fünf Strophen blieb es allerdings nicht lange.

Die erste Strophe des „Vaterlandsliedes“ *Herr, du bist Gott* (= Str. 4 von *Zieh an die Macht*, Basel 1891) besingt u. a. der *Berge Wall*, den der *Herr* den Singenden *gnädig zur Wehr* gebaut hat. Für eine solche Formulierung hatte man im taunusnahen Wiesbaden offenbar noch eine Verwendung (wenn auch *der Berge Wall* hier deutlich niedriger ausfällt als in den Schweizer Alpen), denn das von der Wiesbadener Bezirkssynode herausgegebene Gesangbuch (1. Aufl. 1895) ist das früheste deutsche, das das Lied übernimmt (Fassung wie Basel 1891)[5]. In Berlin dagegen konnte man mit dem Bild vom *Wall* der *Berge* nichts anfangen, und so fällt in dem oben erwähnten Liederbuch für evangelische Mädchenvereine 1916 (sowie in weiteren überregionalen Jugendgesangbüchern[6]) diese Strophe weg. Damit hat EG 377 bis auf kleine sprachliche Modernisierungen (*Zeuch* wird *Zieh*[7]) seine heutige Gestalt gewonnen.

Zieh an die Macht gehörte einerseits zum Liedrepertoire der Bekennenden Kirche.[8] Andererseits nahmen es die Deutschen Christen 1939 in das „Gesangbuch der Kommenden Kirche“ auf.[9] Dennoch konnte das Lied mit Zeilen wie

[5] Obwohl GB Wiesbaden 1895 eine Rubrik „Kreuz und Trost“ aufweist, wird *Zieh an die Macht* nicht dieser, sondern der vorangehenden „Christliches Leben – Wandel im Licht“ zugeordnet.

[6] Z. B. „Der helle Ton“ (1932), hier unter der Rubrik „Sammlung und Sendung der Kirche“.

[7] Erstmals in den B. K.-Liedern 1920 (die Liederbücher der ev. Jugendvereine von 1932 bleiben bei *Zeuch*) und in der für die katholische Rezeption leitenden Fassung von „Kirchenlied“ 1938.

[8] Biermann 2011, 95–97.

[9] Rubrik: „Es schaffen unsre Hände“.

widerstehen bis aufs Blut (3,6) auch eindeutig regimekritisch wahrgenommen werden – und das nicht (nur) von denen, die es in diesem Geiste anstimmten, sondern auch von nationalsozialistischen Hörern: In Tirol-Vorarlberg wurde *Zieh an die Macht* von der extrem kirchenfeindlichen Gauleitung verboten und musste im von der Apostolischen Administratur Innsbruck herausgegebenen „Messbüchlein" (1939) überklebt werden.[10] – Ein weiteres Indiz für die ‚Widerständigkeit' des Liedes könnte sein, dass das zweite Gesangbuch der Deutschen Christen, „Großer Gott, wir loben dich" von 1941, nur noch die vierte Strophe aufnimmt; das Lied heißt nun *Herr, du bist Gott*[11]. Diese Strophe gehörte ja ursprünglich zu dem „Vaterlandslied" (das allerdings die Schweiz besang). Damit entfällt die komplette Kampfesmetaphorik, übrig bleibt ein Vertrauensbekenntnis und die Hoffnung auf Gottes Hilfe für „unser Land".

Wirkungsgeschichtlich am bedeutsamsten blieb auch in der Nachkriegszeit die vierstrophige Fassung. Diese geht mit dem alten Initium *Zeuch an* ins EKG ein, im katholischen Bereich findet das Lied ausgehend von „Kirchenlied" 1938[12] Eingang in eine ganze Reihe von Diözesangesangbüchern. Im Zuge der Erarbeitung der Gemeinsamen Kirchenlieder (1973) verabschiedete die AÖL eine dreistrophige Fassung, die auch in GL1 1975 aufgenommen wurde. GL2 2013 hat dieses Lied nicht mehr im Stammteil, es ist jedoch in einigen diözesanen Eigenteilen erhalten, z. B. Mainz (Fassung wie GL1)[13]. In ihr wurde jedoch nicht die vierte, sondern die zweite Strophe gestrichen, weil sie „zu kämpferisch" klingt[14]. Gerade die ‚Widerstands'-Strophe empfand man in friedensbewegten Jahren als anstößig. Auch daran, dass Gott *unserm Land* geholfen habe, nahm man Anstoß und änderte zu *Wie du uns Hilfe zugesandt*, „um den ursprünglich national bezogenen T[ext] allgemeingültig zu machen"[15]. Wie die Wirkungsgeschichte gezeigt hat, ist auch die ursprüngliche Formulierung allgemein – „unser Land" ist jeweils das Land der Singenden. Andernfalls hätte das Lied außerhalb der Schweiz keine Verbreitung finden können. Das EG hat sich gegen die ö-Fassung entschieden und die vier seit dem frühen 20. Jh. breit rezipierten Strophen von *Zieh an die Macht* ohne Änderungen aufgenommen – mit *unserm Land* und der ‚Widerstand-Strophe'.

Andrea Ackermann

[10] Ausführlich bei Ackermann, Das Innsbrucker Gesangbuch „Gotteslob" (1941/46) [Arbeitstitel], Univ. Diss., erscheint voraussichtlich 2017.

[11] Rubrik: „Glauben und Vertrauen".

[12] Rubrik: „Kommt her, des Königs Aufgebot".

[13] Rubrik: „Bitte und Klage". – Zugleich wird es in der „Andacht zu den Heiligen des Bistums Mainz" als Lied zu Beginn des feierlichen Abschlusses vorgeschlagen. Zuvor werden kurze Lebensbilder von Heiligen (die Auswahl reicht von den Märtyrern der Frühzeit bis zu Alfred Delp) dargeboten, also von Christen mit Vorbildfunktion, die durch manche Bedrängnis hindurch die *Lebenskron* bereits errungen haben und Gott nun in Ewigkeit *lobsingen*.

[14] RGL1, 668/Nr. 304.

[15] RGL1, 669/Nr. 304.

402 Meinen Jesus lass ich nicht

EG 402 EM 122

Text

Verfasser Christian Keimann **Quelle** *Andreas Hammerschmids Dritter Theil. Fest-Buß- und Dancklieder mit 5. und 10. Stimen*, Dresden 1659 (andere Stimmbücher: 1658; DKL 1659[32]) **Überschrift** *Jhr. Churfürstl. Durchl. zu Sachsen Hertzog Johan Georgen des Ersten Denck- und Letzter Spruch: Meinen JESVM laß Ich nicht.* (Stimmbuch 8. Stimme) **Ausgabe** FT IV,13 **Besonderes** Akrostichon Str. 1–5 (Anfangsworte): Meinen Jesus lass ich nicht; Akrostichon Str. 6 (Zeilenanfangsbuchstaben): Johann Georg Churfürst zu Sachsen-Merseburg **Strophenbau** 7/4a 8/4b-, 7/4a 8/4b-, 7/4c 7/4c Frank 6.23 **Abweichungen** durchweg *Jesum* statt Jesus; 1,2 *vor* mich; 1,4 *klettenweiß an ihm zu kleben*; 2,2 *Weil ich sol auf Erden leben*; 4,3 wo *für*; 4,4 meiner *Eltern*; 5,2 *Meine Seele wünscht und stöhnet*; 5,5 *Der mich freyet vom Gericht* **Verbindung TM** in der Q: Z II,3449 * weitere Eigenmelodien: Z II,3450–64, Z V,8806 (1668–1853); Winand Nick (1893)

Melodie

Incipit 3_3_ 5_2_123_ 2__ **Verfasser** Johann Ulich **Quelle** [...] *Sieben-Fache Welt- und Himmels-Capell* (Michael Schernack), Wittenberg 1674 (DKL 1674[08]) **Ausgabe** Z II,3451a **Ambitus** G: 6; Z: 55(55)46 **Abweichungen** Q: Z. 1/3 N. 1: Halbe mit vorausgehender Viertelpause; N. 3–4: punktierte Viertel mit Achtel; N. 5–7: punktierte Viertel mit Achtel *f'f'*; Z. 2/4 N. 1–2 zwei Achtel mit vorausgehender Viertelpause; N. 7: Ganze; N. 8: punktiere Halbe; Z. 5 N. 1–2 Achtel; N. 6–7: punktierte Viertel mit Achtel *d" c"*; Z. 6 N. 1–2 zwei Achtel mit vorausgehender Viertelpause, N. 3–4 und 5–6, je punktierte Viertel mit Achtel *d" a' g', f'*, N. 7 punktierte Halbe * EM: 4st. Satz (*Gemeindepsalter* 1930/Paul Ernst Ruppel 1975); Grundschlag Halbe; Schlusston Ganze **Verbindung MT** wie EG * *Mensch, was suchst du in der Nacht* (1714) * *Jesus, meine Zuversicht* (1785) * *Jesum lieb ich ewiglich* (1785) * *Jesus nimmt die Sünder an* (EG 353/EKG 268) * *Jesus soll die Losung sein* (EG 62/EKG 43) * *Eine Herde und ein Hirt!* (EKG 220) * *Seele, was ermüdst du dich* (EKG 476)

Literatur

HEKG (Nr. 251) I/2, 393f; III/2, 202–204; Sb, 395f; HEG II, 174f.330 mit Erg. in JLH 45 (2006) 215 ** ThustB, 352 ** Koch (³1866–1877) VIII, 286–290; KLL (1878–1886) II, XVI.52f; EEKM (1888–1895) II, 172–179; Julian (²1907) 614; Nelle (³1924/1962) Nr. 288 ** RÖSSLER, Martin: Bibliographie der deutschen Liedpredigt, Nieuwkoop **1976**, 263 * KADELBACH, Ada: Das Akrostichon im Kirchenlied. Typologie und Deutungsansätze, JLH 36 (**1996/97**) 196–198 * KADELBACH, Ada: Die geistlichen Lieder Philipp Nicolais und die höfische Akrostichtradition, in: Friedhelm Brusniak/ Renate Steiger (Hg.), Hof- und Kirchenmusik in der Barockzeit. Hymnologische, theologische und musikgeschichtliche Aspekte, Sinzig **1999**, 222f * PETZOLDT, Martin: Bach-Kommentar. Theologisch-musikwissenschaftliche Kommentierung der geistlichen Vokalwerke Johann Sebastian Bachs, Bd. II, Kassel u. a. **2007**, 418–421.

Dieses in der Barockepoche sehr beliebte Lied kam nicht in Liedform zur Welt, sondern im motettischen Ensemblesatz von Andreas Hammerschmidt mit diversen Zeilenwiederholungen und musikalischen Abweichungen bei den Strophen. Durch musikalische Reduktion und Elementarisierung musste es zum Kirchenlied erst transformiert werden. Das geschah in unzähligen Melodievarianten. Die EG-Fassung hat sich erst im 20. Jh. durchgesetzt.

Kehrverslieder hatten schon immer einen ‚Vorteil' in der Rezeptionsgeschichte. Hier ist es eine elementare, siebensilbige Fünfwort-Konstellation, die sprachlich sehr gut mottofähig ist. Auf zwei zweisilbige Worte folgen drei einsilbige, welche die Definitivität unterstreichen. Der *Jesus*-Name trägt nach zweisilbigem Auftakt den Hauptakzent. Bei der ursprünglichen Akkusativ-Form mit *m*-Inklusion (*meinen Jesum*) umarmen sich Beter/Sänger und Jesus auch sprachlich. So ist analog zur barocken Hohelied-Rezeption auch die emotionale Komponente der Ich-Du-Beziehung erfasst. Über die Wiederholung am Ende jeder Strophe hinaus strukturiert dieses Motto das ganze Lied als Akrostichon der Strophen-Anfangsworte. Str. 1 und 6 verdoppeln ihre Rahmenfunktion, indem sie das Motto auch als Rahmen der Strophe zweifach bringen, in der letzten Strophe mit einer Abwandlung am Beginn, welche *Jesus* voranstellt und dann fünf einsilbige Worte folgen lässt. Als polares Gegenüber zu *Jesus* steht hier *mir* am Motto-Ende.

Viel zum Erfolg des Liedes hat beigetragen, dass es als Fürstenlied entstanden ist und stets weiter tradiert wurde. Der sächsische Kurfürst, der 45 Jahre lang als dezidiert lutherischer Herrscher sein Land durch die Unzeiten des 30jährigen Krieges geführt hat, stirbt am 8. Oktober 1656 gottergeben. Vom Zittauer Schulrektor, dessen böhmische protestantische Familie in Sachsen Asyl fand, erhält er ein solches „Memorial". Noch einige Jahrzehnte später, als die sächsischen Potentaten aus machtstrategischen Gründen längst katholisch geworden sind, druckt das Dresdner Gesangbuch 1725 als Überschrift: „Auf Churfürst Joh. Georgii I. zu Sachsen Symbolum, auch wider die Traurigkeit". Jeder Gläubige darf/kann sich trösten mit dem Lebensmotto des einstigen Landesherrn. Dies ist so allerdings eine Konstruktion der Memorialkultur. Das Protokoll des Hofpredigers Jacob Weller vom Ableben des Fürsten weiß nichts von einem „Symbolum", einem Wahlspruch also schon zu Lebzeiten. In der gedruckten Leichenpredigt[1] („Chur-Sächsische Ehren-Trauer-Crone" 1657) stilisiert er es aber zur ‚Headline' im Wortsinn: *Meinen Jesum lass ich nicht* steht durchgängig als Kopfzeile. Die Predigt setzt im „Exordium" damit ein, dass der Verstorbene diese Worte in seinen letzten Tagen öfter gesprochen habe als Antwort auf Fragen der Gewissensprüfung durch den Seelsorger. So soll er auf die ihm vorgesprochene Liedstrophe *Von Gott will ich nicht lassen,/ denn er lässt nicht von mir* (EG 365,1), die er früher „oft mit sonderlicher Herzens-freudiger Andacht" gesungen habe, geantwortet haben: „Glaubet mirs nur sicherlich/ Meinen Jesum lass ich nicht."

[1] Jacob Weller, Chur-Sächsische Ehren-Trauer-Crone, Dresden 1657, URL: http://digitale.bibliothek.uni-halle.de

Im Fortgang der Predigt wird dieses Motto dann immer häufiger ebenfalls schon kehrversartig wiederholt.

Der Dichter Keymann aus dem seit 1635 (infolge des Prager Friedens) sächsischen Zittau überträgt die Vorgaben der Leichenpredigt konsequent in Gedichtform. Dazu gehört auch ein (in Adelskreisen unerlässliches) Namens-Akrostichon, das mit den Initialen des Verstorbenen die Verszeilen der letzten Strophe strukturiert, Symbol dafür, dass der Name des Verstorbenen ins „Buch des Lebens" eingeschrieben ist (vgl. EG 523,5, s. Kadelbach 1999). Die konstruierte Form ist so stimmig, dass das Gedicht aus der opulenteren musikalischen Verpackung des Zittauer Kantors Hammerschmidt gleichsam wieder herausspringt und zum Eigenleben findet, nicht nur in Sachsen. Der Vielfalt der Melodien entspricht eine Vielfalt der liturgischen Zuordnung in den Gesangbüchern: „Von Kreuz und Anfechtung", „Jesus-Lieder", aber auch diverse Zuordnungen im Kirchenjahr (3. Advent, Epiphanias-Sonntage).

Wichtiges Kennzeichen des Liedes ist die bibelgesättigte Sprache. Das Motto (das mindestens zehn weitere Lieder anderer Autoren von hier übernehmen werden) rekurriert auf Jakobs *Ich lasse dich nicht, du segnest mich denn* nach dem Kampf am Jabbok, 1. Mose 32,26. Im Frontispiz der „Ehrencron" flankieren Liedmotto (mit Portrait des Fürsten) und Bibelwort (mit Portrait des Erzvaters Jakob) den Crucifixus links und rechts. Auch aus Hohelied 3 hat der Prediger zitiert, wo V. 4 damals lautete: *Ich halt ihn und will ihn nicht lassen.* Weitere Referenztexte, in der Leichenpredigt ebenfalls umfänglich zitiert, sind Psalm 73,23–28 und Römer 8,31f, beides in Str. 5 fast explizit greifbar. Fast jede Liedzeile lässt weitere Bibelworte aufscheinen (Detail-Nachweise bei Petzoldt und HEKG I/2) im gesamtbiblischen Horizont von 1. Mose bis Offenbarung: *zu dem Lebensbächlein leiten* aus Offenbarung 7,17 in der letzten Strophe (6,4) korrigiert und überbietet *wenn der Lebensfaden bricht* (3,5), dies ein Bild aus Jesaja 38,12. Biblische Grundlage der Leichenpredigt war Micha 7,7: *Ich aber will auf den Herrn schauen/ und des Gottes meines Heils erwarten/ mein Gott wird mich hören.* Darauf rekurriert 4,5 mit *mich erfreut sein Angesicht.* Das Schauen Jesu ersetzt und überbietet das Schwinden aller Sinne im Sterben (3,1–2). Auch Jakob hatte nach dem Kampf am Jabbok bezeugt: *Ich habe Gott von Angesicht gesehen* (1. Mose 32,31). Die in Str. 5 artikulierte Sehnsucht greift *erwarten* aus dem Bibelwort auf, was in der Predigt Wellers breit entfaltet wurde.

Die Abfolge der sechs Liedstrophen ist chronologisch als Heilsweg strukturiert. Nach der Themenansage in Str. 1 analog zum Predigtthema (totale Bindung an Jesus) benennt Str. 2 die Realisierung des Mottos im Erdenleben, Str. 3 die Relevanz in der Todesstunde, Str. 4 (nach damaliger Zwei-Phasen-Vorstellung) in der Seinsweise der Seele nach dem Tod, in Str. 5 dann nach der Auferstehung zum Jüngsten Gericht und in Str. 6 schließlich die paradiesische Teilhabe an Jesus (nach der Auferstehung der Leiber).

Zehnmal wird im Lied der Name *Jesus* ausgesprochen. Genau dies erschließt das in diesem Namen (deutsch „Heiland") verbürgte Heil (vgl. Apg 4,12), wie Weller in seiner Predigt ausgeführt hat. Dichter Keymann bringt in die Schlussstrophe dazu noch *Christus* ein, so dass der volle Name *Jesus Christus* am Ende steht. *Meinen Jesus lass ich nicht* als Refrain zu wiederholen ist also kein äußerlicher, frömmlerischer Sprachhabitus, sondern elementare Glaubens-„Arbeit" (Begriff aus der Leichenpredigt), welche das Heil in Jesus Christus bekennt und so als zukunftsoffene Gnadengegenwart für die Glaubenden erschließt. „Muss demnach das wahre Kennzeichen des Glaubens das Wörtlein Mein dazukommen", hatte Weller betont und an erster Stelle Hiob mit „Mein Erlöser" aufgeführt (Hi 19,25), des weiteren Galater 2,20 und 1. Timotheus 4,7, zudem einige Zitate von Augustin bis Luther ins Feld geführt, um zu zeigen: Nur wer „ich" sagt, bzw. *Mein Jesus*, entzieht sich den haltlosen Mächten der Welt und bekommt Anteil an der Sphäre des von Gott gewährten Heils.

Zwei Textänderungen im EG verdunkeln Sinnzusammenhänge. In 4,4 steht *Väter* statt (gendermäßig korrekt!) *Eltern*. Gemeint ist vom Dichter nicht der Glaube der biblischen „Väter", sondern konkret der vorbildliche Glaube der eigenen Eltern, Mutter wie Vater. In der Predigt war das Sterben der Fürstenmutter als Vorbild benannt worden. Ihr letztes Wort „Ich will an meinem Herrn Christo kleben bleiben wie die Klette am Rock" führte zu der in 1,4 getilgten Formulierung *klettenweiß an ihm zu kleben*.

Bei den Melodien gibt es zwei Hauptstränge. Die eine, im Mutterland Sachsen (aber auch Bayern 1855) und so in J.S. Bachs zahlreichen Liedsätzen verbreitete, ist ein Extrakt aus Hammerschmidts Vokalsatz-Diskant. Sie zeigt nicht die Barform, sondern enthält sechs verschiedene Liedzeilen. Mit der heute im EG gebräuchlichen Melodie gemein ist die rhythmische Gleichförmigkeit in Vierteln, betont noch durch einige Tonwiederholungen. Im EG (wie EKG) steht demgegenüber eine Variante des Stamms, der auf eine in Wittenberg entstandene und dort 1674 publizierte Fassung zurückgeht. Diese war rhythmisch aber sehr vielgestaltig (s. Angaben zur Melodie) und enthielt den Spitzenton *d"* zusätzlich in der fünften Zeile. Außer der üblichen rhythmischen Egalisierung setzten sich hier nach 1850 als profilbildende Kennzeichen durch: Akzentuierung von *Jesus* (wie im Original) am Anfang durch Terzsprung (zuvor meist Durchgangsnote auf Schlag zwei oder Viertel *a/b*); der als sechste Stufe affektiv aufgeladene Spitzenton kommt nur am Ende des Stollens und in der letzten Zeile zu *Je-sus*. Die Schlusswendung mit Abstieg vom *d"* über *b–a–g* zum Grundton *f* (vorher meistens *a–g–g–f*), welche nach „gefühligen" Terzparallelen (mit Quartsextakkord) verlangt, zeigt sich erst im 20. Jh. (z. B. Württemberg 1912).

Der Rezeptionsprozess erweist sich hier als Zurecht-Singen im Wortsinn, denn bei dieser im Sechstonraum bewusst einfachen Melodie ist die Prägnanz in der jetzigen Fassung am stärksten. Der Spitzenton *d"* akzentuiert im Stollen das soteriologische *für mich gegeben* (pro me), bei der Wiederholung das präzise Pendant in der Gegenbewegung des Glaubenden zu Jesus: *für ihn zu leben* (ursprünglich *an ihm zu kleben*). Im Abgesang strahlt mit der Modulation in die Dominante C-Dur förmlich das *Lebens-Licht* auf. Den dreimaligen Spitzenton *c"* hier überbietet das nun mit Subdominante B-Dur als Gegenpol zu harmonisierende *d"* auf *Jesus* umso mehr. So ist die Emphase in der heilserschließenden Nennung des Namens *Jesus* gesteigert, ein Effekt, der dank der

Kehrversstruktur in jeder Strophe eintritt. Die auch inhaltlich in jeder Strophe gegebene Zuspitzung im Abgesang (Z. 5) wird so als Aufschwung mit Motto-Refrain jedes Mal zum Höhepunkt, besonders prägnant in der letzten Strophe, wo Auf- und Abschwung mit Doppelpunkt inhaltlich explizit verknüpft sind. Gegenüber der im harmonischen Ablauf analogen Melodie bei EG 401 (ebenso EG 134) ist die Nicht-Unterschreitung des Grundtons und sein nur kurzes einmaliges Streifen in Zeile 1 und 3 signifikant. So bleibt die Melodie bis zur letzten Zeile in der Schwebe, in der Erwartung – auf Jesus und sein ewiges Heil.

Konrad Klek

500 Lobt Gott in allen Landen

Text

Verfasser Martin Behm **Entstehung** (1604) 1606 **Quelle** *Kirchen Calender/ Das ist/ Christliche Erklerung Des Jahres vnd der XII. Monaten.* (Martin Behm) Wittenberg 1606 **Überschrift** *Gebeet.* **Liturgische Einordnung** im Abschnitt: *Die siebende Predigt des Kirchencalenders, Vom Brachmonat* **Ausgabe** W V,291 **Strophenbau** A7/3a- A6/3b, A7/3a- A6/3b, A7/3c- A6/3d A7/3c- A6/3d Frank 8.7 ‚Hildebrandston' **Abweichungen** (a) 1,8 man *für* Augen *sicht*; 2,2 *Zur Not* den Sonnenschein; 2,3 Dazu *die* sanfften; 2,6 behütt *für* Reiff; 2,7 allem *Unrat* wehre; nach 2: 3. *Und wenn die Donner schallen*; nach 3: 5. *Laß uns deinen Geist regieren* **Verbindung TM** in der Q ohne N * Melodieangabe der Ausgabe des *Kirchen Calender*, Wittenberg 1617: *Lobt Gott ihr frommen Christen*: vgl. Z III,5357 (DKL 1607[20]; DKL III/4 B55E) * *Wie lieblich ist der Maien* (EG 501)

Melodie

s. *Herzlich tut mich erfreuen* (EG 148)

Literatur

HEKG (Nr. 377) I/2, 538; III/2, 506; Sb, 566; HEG II, 34f ** ThustB, 412f ** SCHEIBENBERGER, Karl: „Geh aus, mein Herz, und suche Freud!" Lob des Sommers im Gesangbuch, Weg und Wahrheit 8 **(1953/54)** 348 * WERTHEMANN, Helene: Studien zu den Adventsliedern des 16. und 17. Jahrhunderts, Zürich **1963**, 104

Der schlesische Pfarrer Martin Behm hat 1606 (Vorwort 1604) einen „Kirchen Calender" mit 13 umfangreichen Monatspredigten veröffentlicht. Die erste Predigt gilt dem „Jahr in Gemein". Intention und Funktion dieser Predigten hat Behm selbst im Gesamttitel der Quelle deutlich gekennzeichnet, als „Christliche Erklerung Des Jahres". Die Länge dieser „Predigten" macht es eher unwahrscheinlich, dass sie vollständig in einem Gottesdienst gehalten wurden, auch wenn Predigten damals durchaus eine Stunde dauern konnten. Es handelt sich um Erbauungsliteratur, zugleich verbunden mit einer umfassenden Gelehrsamkeit. Jede Monatsbetrachtung schließt mit einem Strophen-„Gebeet", das nach Art eines Predigtschlussgebets die Predigt stichwortartig zusammenfasst. Das hier zu betrachtende Gebet zum „Brachmonat" und das im EG folgende Gebet „vom Mayen" (*Wie lieblich ist der Maien*, EG 501) beschließen die Predigten zum „Brachmonat" Juni und „vom Mayen" – natürlich in umgekehrter Reihenfolge! Dem Junigebet (*Lobt Gott in allen Landen*, EG 500) folgt ausnahmsweise noch ein weiteres – fünfstrophiges – „Gebeet" im selben Versmaß. Dieses preist die sommerliche Zeit als Gleichnis „vom Himlischen Sommer" der Ewigkeit, wohingegen unser Lied allenfalls in der (heutigen) Schlussstrophe über die Zeit hier *auf Erden* hinausblickt. Die Gebete sind erst in späteren Kalender-Ausgaben mit Melodiehinweisen versehen, waren also ursprünglich nicht zum Singen gedacht. Einige sind dann zu Kirchenliedern geworden.

Für die Umstellung von EG 501 hinter EG 500 ist kein plausibler Grund zu erkennen. Das Junilied meldet: *Der Sommer ist vorhanden,/ Das Feld ist voller Frücht,/ … wie man vor Augen sicht.* Das Mailied hingegen freut sich, dass erst einmal *alles grünt und blüht.* Auffällig in beiden Liedern die Bitte um Bewahrung vor *Reif und Schloß'.* „Schloßen" sind große Hagelkörner.

Der Anfang lässt Psalm 66,1 und Psalm 8,2 anklingen: *Jauchzet Gott, alle Lande!* Es ist Sommer geworden, *die Sonn gibt hellen Schein* und fördert damit das Heranreifen der Früchte. Wir aber loben Gott, weil wir die Gaben der Schöpfung von *ihm* empfangen haben. Dieser geistliche Aspekt von Freude und Dank wird in Str. 2 breiter entfaltet. Erst hier wird Gott angeredet und das Lied somit explizit zum Gebet.[1]

Den *lieben Sonnenschein* verdanken wir Gottes *Segen*, dazu gehört *sanfter Regen*, wie auch die Bitte um Bewahrung vor erntefeindlichem Klima: *behüt vor Reif und Schloß' / und allem Unheil wehre.* Bei aller Freude an der Natur und ihren Gaben verliert das Lied als „Gebet" den Schöpfer und Geber keinen Augenblick aus den Augen.

Diesen Aspekt vertiefte ursprünglich und noch im EKG eine anschauliche Gewitter-Strophe:

Und wenn die Donner schallen,
dass alles saust und kracht,
die Blitz und Keil 'rabfallen
in deinem Zorn mit Macht,
so wollst du uns bewahren,
halt uns in deiner Hut,
lass uns nichts widerfahren
an unserm Leib und Gut.

Str. 3 geht darüber hinaus und erbittet eine noch ganz andere, nämlich *geistliche Sommerzeit.* In dieser Perspektive gerät unser Leben *hier auf Erden* in ernste Verdunkelung: Von *Beschwerden* hören wir, von *Trübsal, Angst und Not*, ja sogar vom *Tod*, der *uns hinreißt.* Dann brauchen wir noch ganz anderen Beistand, damit wir *willig tragen*, was uns auferlegt wird, und selbst im Tod *nicht verzagen.*

Die ursprüngliche Schlussstrophe hat das EG (und schon das EKG) gegen diejenige aus Behms Oktoberlied (ebenfalls im Kirchenkalender) ausgetauscht. Zunächst schloss das Lied:

Lass uns deinen Geist regieren,
damit wir fruchtbar sein,
und unsre Herzen zieren
mit manchen Blümelein.
Hilf, dass die Röslein blühen,

[1] In EG 501 geschieht das ebenfalls erst von der 2. Strophe an.

Lilien und Rittersporn.
Reichtum und Sünde fliehen,
dass wir nicht sein verlorn. [Amen.]

Was uns im Original als Ausflug in die Gartenbotanik anmuten mag, knüpfte an alten Volksglauben rund um den Johannistag an; Lilien sollten Reinheit, Rittersporn sollte Schutz vor allerhand Unheil vermitteln.[2] Behm spielt damit symbolisch: Schutz vor „Reichtum und Sünde". Damit blieb das Junilied ganz im Hier und Heute.

Der jetzige Schluss aus dem Oktoberlied dagegen fasst Gegenwart und Zukunft zusammen zu einer erweiterten und vertieften Freude *am* Leben und *auf* das Leben: *Füll unser Herz mit Freuden!*[3] Alle *Wohltat mancherlei*, um die hier gebeten wird, wie auch Gottes *Gnad und Treu* bekommen nun eine universale Weite und Tiefe, ermöglichen uns Leben, *solang wir sind auf Erden*, aber auch darüber hinaus: in der Ewigkeit, *vor deinem Thron.*

Die Melodie von Johann Walters Ewigkeitslied *Herzlich tut mich erfreuen* (EG 148) passt sicherlich besser als die von Behm später (1617) vorgeschlagene von *Lobt Gott, ihr frommen Christen* (EKG 202; nicht im EG). Walters Bergreihen-Melodie wurde bereits zu EG 148 ausführlicher besprochen.[4]

Joachim Stalmann

[2] Siehe die Artikel im Handwörterbuch des deutschen Aberglaubens, Bd. 5, Sp. 1300ff (Lilie), und Bd. 7, Sp. 725ff (Rittersporn).

[3] Diesem endzeitlichen Aspekt hatte Behm am Ende seiner Junipredigt ursprünglich ein ganzes weiteres Gebet gewidmet.

[4] HEG III/12, 91f.

501 Wie lieblich ist der Maien

EG 501 EM 108

Text

Verfasser Martin Behm **Entstehung** Vorrede der Quelle vom *letzten Dezember 1604* **Quelle** *Kirchen Calender/ Das ist/ Christliche Erklerung Des Jahres und der XII. Monaten* (Martin Behm), Wittenberg 1606[1] **Überschrift** *Gebeet.* **Liturgische Einordnung** im Abschnitt: *Die sechste Predigt des Kirchen Calenders, Vom Ma^{e}yen.* **Ausgabe** W V,290 **Strophenbau** A7/3a- A6/3b, A7/3a- A6/3b, A7/3c- A6/3d A7/3c- A6/3d Frank 8.7 ‚Hildebrandston' **Abweichungen** 2,7 *wolstu widerwenden*; 4,1 hilf *verbringen* **Verbindung TM** in der Q ohne M * Tonangabe in einer späteren Auflage der Q (1617): *Ich dank dir, lieber Herre*: DKL III/1.1, B41 (DKL 1535^{02}), aus der Fassung B41A (DKL 1544^{01}) wurde die Melodie zu *Lob Gott getrost mit Singen*: EG 243 (*Ich dank dir, lieber Herre* wurde auch gesungen zu: DKL III/2-4, B41B und B41D-G [DKL 1573^{04}/1588^{14}/1591^{10}/ 1597^{04}/1606^{06}; s. auch DKL III/Abschließender Kommentarbd., 112f.] * DKL III/3, A964 [DKL 1594^{18}] * DKL III/4, C89 [DKL 1597^{20}] * Fa104,d [DKL 1598^{06}; DKL III, Abschließender Kommentarbd., 473 = Z III,5352])

Melodie

Incipit -5_ 1_.2321-7 -6__-6_ **Verfasser** Johann Steurlein **Entstehung** 1575, geistlich 1581 **Vorlage** *Mit Lieb bin ich umfangen* in: [*XXIV. Weltliche Gesenge* (Johann Steurlein), Erfurt 1575], ediert: Weltliche Lieder (1575) für vierstimmigen Chor von Johann Steuerlein, hg. von Günther Kraft, Wolfenbüttel/Berlin 1930 und öfter **Quellen** (a) *Dauids Himlische Harpffen/ von newem auffgezogen/* [...] (Gregor Sunnderreitter), Nürnberg 1581 (DKL 1581^{09}) * (b): *Liedbuechlein/* [...] (Daniel Rump), Ülzen 1587 **Ausgaben** Z III,5370; DKL III/3,Ga2 (Quelle a) und Ga2A (Quelle b) **Ambitus** G: 7; Z: 64(64)35b44 **Abweichungen** (a): Quinte tiefer (C-Dur); Taktvorzeichnung ¢; Z. 1/3: vor N. 1: Halbe- und Viertelpause; N. 1: *g'* (= Quarte höher); N. 2–3: Achtel *g' a'*; nach N. 7: Achtel *e' d'*; Z. 2/4: letzter Ton Halbe; Z. 5: vor N. 1: Viertelpause; statt N. 1–6: Viertel *g' h' h' d'' h'*; Z. 6: N. 4–7: Terz tiefer; Z. 7: Wiederholung von Z. 1, nur dass N. 1 wie im EG mit der Unterquarte beginnt; Z. 8, letzter Ton: Ganze * (b): Ton tiefer (F-Dur); keine Taktangabe, Z. 1/3: vor N. 1: Viertelpause; N 1: *g'* (= Quarte höher), Z. 2/4: letzter Ton Halbe; Z. 5: vor N. 1: Viertelpause; nach Z. 8 folgt ein Refrain im 3er-Takt (Hosianna) * EM: 4st. Satz (Barbara Straub 2000) **Verbindung MT** (a) *Mein Herz ein fein Lied dichtet* (Gregor Sunnderreitter); (b) *Was mag sich dort erheben* (Daniel Rump)

Literatur

HEKG (Nr. 370) I/2, 532; II/2, 89; III/2, 494–496; Sb, 560; HEG II, 34f.312f ** ThustB, 413 ** Schlunk (1951) 364* BÖLLING, Jörg: Steurlein, Johann, MGG^2 Per-

[1] Digitalisierte Quelle unter http://digital.slub-dresden.de

sonenteil 15 (**2006**) 1446–1448 * Lassek, Reinhard: Wie lieblich ist der Maien: auf dem Wonnemonat Mai lasten die Hoffnungen eines ganzen Jahres, Zeitzeichen 5 (**2004**) 43–45 * Fendler, Folkert: Wie lieblich ist der Maien EG 501, in: Arnold/ Bresgott **2011**, 129–132

Dieses Lied beschließt in Martin Behms „Kirchen Calender“[2] die Predigt zum Monat Mai. Es ruft einige der mannigfachen Aussagen der vorangegangenen Predigt zusammenfassend noch einmal in Erinnerung.

Behms Mailied ist immer wieder mit Paul Gerhardts Sommerlied (EG 503) verglichen worden.[3] Dabei kommt es eher schlecht weg („etwas hölzern und trocken“). Zwischen beiden Erscheinungsdaten liegen fast 50 Jahre, in denen sich die Gattung Schöpfungslied von der bloßen Zeitansage zur entfalteten Naturschilderung weiterentwickelte. Beide Monatslieder Behms im EG setzen ein mit Naturschilderung und Erntebitte (Str. 1 und 2) und knüpfen daran Bitten für das persönliche geistliche und sittliche Gedeihen (Str. 3 und 4). Dies alles war in den zwei Hauptteilen der Maipredigt breit und detailreich entfaltet worden: „I. Welch eine liebliche und schöne Zeit uns Gott anrichtet. II. Wie wir ein rechtes Maienleben führen sollen.“

Wie lieblich ist der Maien ... Woran *freuen sich die Menschen* im schönen Monat Mai? Am Grünen und Blühen der Pflanzen, an den Tieren auf der Weide, am Gesang der Vögel (Str. 1)! *Die loben Gott mit Freud.* All das sind *Gaben*, die uns animieren, ins Gotteslob einzustimmen (Str. 2). Die Lieblichkeit dieses Monats kommt eben *aus lauter Gottesgüt.* Vögel wissen nicht, dass und wen sie loben. Zoologen erkennen in Tierlauten ganz andere Bedeutungen. Martin Behm hätte das nicht beirrt, so wenig wie gut 150 Jahre später C. F. Gellert, wenn er in *Wenn ich, o Schöpfer, deine Macht* (EG 506) Pflanzen, Tiere und Naturgewalten Gott loben hört. Allein der Mensch kann den Adressaten aller Lebensfreude, aller Gottespreisungen erkennen und benennen: *dein Macht und Güt ist groß.* Str. 2 bittet Gott um Bewahrung vor *Mehltau, Reif und Schloß'*, also (wie im vorigen Lied) vor Hagelkörnern.

Doch nicht nur die Ernte ist gefährdet, auch wir selbst sind es, äußerlich wie innerlich. Das kommt ab Str. 3 in den Blick. *Herr, lass die Sonne blicken / ins finstre Herze mein!* Hier wird die *Sonne* zur Metapher für Gottes Zuwendung, das *finstre Herz* zum Bild für den menschlichen Seelenzustand. Die anfängliche Freude an der Schöpfung vertieft sich zu *Fröhlichkeit im Geist* und zur *Lust ... an deinem Wort* und so zur Stärkung *im Kreuz* und Wegweisung zu Gottes himmlischer Welt.

Demgegenüber führt die Schlussstrophe in die Gegenwart, unter gewandeltem Vorzeichen: Arbeit zum Lobe Gottes (für Luther: Gottesdienst im umfassendsten Sinne), *fruchtbar* gelingendes Leben, *fröhlich im Geist*, aber auch *von Tugend mancherlei*, was als Orientierung an Gottes Willen (auch wenn wir dem gewiss

[2] Zu Martin Behms „Kirchen Calender“ siehe den Kommentar zu EG 500 *Lobt Gott in allen Landen* in diesem Heft, 81.

[3] Z. B. von Werner Rehkopf in HEKG III/2, zu Nr. 370 und 371; das folgende Zitat dort, 495.

nicht allezeit und in allem gerecht werden). So repräsentiert dies Lied eine Etappe in der Entwicklung des geistlichen Schöpfungsliedes: Naturbetrachtung hier als Anlass, verantwortete Lebensgestaltung, „Gottesdienst im Alltag", in den Blick zu nehmen. Dieser Aspekt ist bis heute wichtig; indem wir ihn singend aneignen, tun wir einen ersten Schritt zu einer – gewiss nötigen – Aktualisierung.

Damit das Mailied Martin Behms Eingang in Gesangbücher finden konnte, brauchte es eine adäquate Melodie. Behm selber schlägt in der Ausgabe von 1617 seines „Kirchen Calenders" bereits eine Weise vor: *Im Thon, Ich danck dir lieber HErre*. Im EG und schon im EKG fiel die Wahl auf eine Melodie des ausgehenden 16. Jh. mit einer weltlichen Vorlage: *Mit Lieb bin ich umfangen*. Sie findet sich bei Johann Steuerlein in seinen „Weltlichen Gesengen" von 1575. Mit geistlichem Text verwendet sie zuerst Gregor Sunnderreitter, Nürnberg 1581, zu einem Text *Mein Herz ein fein Lied dichtet*, etwas später dann Daniel Rump, Uelzen 1587, zum Text *Was mag sich dort erheben*. Dessen Fassung kommt EG 501 melodisch wie rhythmisch am nächsten.

Unsere Melodie hat die Form eines „Reprisenbars": Zwei metrisch-melodisch gleichen „Stollen" folgt ein „Abgesang" der in seiner letzten Zeile die Stollenschlüsse noch einmal aufnimmt. Sie hat eindeutig Dur-Charakter. Die Stollen bewegen sich im Raum einer Sexte um den Grundton. Die beiden geistlichen Quellen des 16. Jh. begannen hier allerdings mit dem Grundton (*g*). Ebenso sind die Anfänge der Zeilen 5 und 7 des Abgesangs gestaltet. Der Quartauftakt des Stollens und die absteigende Achtelskala vermitteln einen Eindruck fröhlichen Voranstrebens, doch kehrt die Melodie bald um bis zum Grundton zurück, mit einer Zeilenzäsur auf dem dreifachen *e* (Halbe plus zwei Viertel), doch alsbald zur zweiten Zeile überleitend. Ein erneuter Quartsprung führt zum Stollenschluss auf dem Grundton (*g*). Dieses melodisch-rhythmische Modell wird im Abgesang zeilenweise abgewandelt. Er setzt gleich auf dem bisherigen Spitzenton *h* ein und variiert sodann die Stollen: Das erste Achtel wird zur Viertel gedehnt, der dreifache Repetitionston von *e* nach *a* transponiert und von hier aus die absteigende Achtelskala des Anfangstaktes vollständig, doch einen Ton höher, wiederholt. Nur hier wird der Spitzenton *c* erreicht, den die vorige Zeile noch aufgespart hatte. Vom Spitzenton abwärts führt eine weitere Achtelgruppe zum Leitton *fis*. Damit wird der Grundtoneinsatz der letzten Zeile vorbereitet. Die variiert noch einmal den Stollenanfang und wiederholt als Reprise die letzten acht Töne der Stollen.

Unstimmigkeiten zwischen Text und zugewiesener Melodie sind in einigen Strophen stellenweise unüberhörbar. Z. B. in der ersten Strophe, wenn der Spitzenton *c* zu betonen scheint, dass die Weide grün sei. Aber zum ganzen Charakter des Frühlingsliedes passt die fröhlich-schwungvolle Weise doch recht gut. Sie hat sicherlich zur Beliebtheit des Liedes wesentlich beigetragen.

Joachim Stalmann

525 Mach's mit mir, Gott, nach deiner Güt

EG 525 (RG 812) EM 644

Text

Verfasser Johann Hermann Schein **Entstehung** zum Tod von Margarita Werner 1626 (12.12.; Beerdigung: 15.12.; vgl. Reckziegel, 201[1]) **Quelle** [*Trost=Liedlein/ à 5. Vber den seligen Hintritt Weiland der Erbarn Viel=Ehren=Tugendreichen Frawen Margariten/ Des* [...] *Herrn Caspar Werners/* [...] *Hausfrawen* (Johann Hermann Schein), Leipzig 1628 (Z VI,489, nach EEKM II, 108f; Druck nicht nachweisbar)] **Ausgabe** FT I,478 **Besonderes** Akrostichon MARGARITA (je 1. u. 3. Zeile der Str. 1–4; 1. Zeile Str. 5) **Strophenbau** A8/4a A7/3b-, A8/4a A7/3b-, A8/4c A8/4c Frank 6.15 **Abweichungen** 2,2: Du *wirst mirs* nicht verderben; * EM: nach 2. 4: *Tod, Teufel, Höll, die Welt und Sünd*; 5. fehlt **Verbindung TM** wie EG

Melodie

Incipit 1_ 3_35_5 432_ **Verfasser** Johann Hermann Schein **Entstehung** s. o. Entstehung Text **Vorlagen** Vorbild sind möglicherweise die sehr ähnlichen Melodien *Ich bin ein guter Hirt allein* (Z I,473; DKL III/4, H99; EG 60 zu *Freut euch, ihr lieben Christen all*) und *Ein wahrer Glaube Gottes Zorn stillt* (Z I,481, DKL III/4, H110) von Bartholomäus Gesius. **Quellen** (a) s. o. Textquelle * (b) *Animae sauciatae medela* (Caspar Cramer), Erfurt 1641 (DKL 1641[02]) * (c) *CANTIONAL, Oder Gesang-Buch Augspurgischer Confession* [...] (Johann Hermann Schein), Leipzig 1645 (DKL 1645[04]) **Ausgaben** Z II,2383; B IV,128; Johann Hermann Schein, Cantional oder Gesangbuch Augsburgischer Konfession 1627/1645, Teil 2, hg. von Adam Adrio, Kassel u. a. 1965/1967 (= Johann Hermann Schein: Neue Ausgabe sämtlicher Werke 2, Nr. 303) **Ambitus** G: 8; Z: 54(54)75 **Abweichungen** (a–c): fünfstimmiger Satz; Quarte höher; Taktvorschrift ¢; Z. 2 zu *Lei* punktierte Viertel *d''* Achtel *c''* * GL: Taktvorschrift ¢; Z. 2 am Ende Halbepause * RG: vierstimmiger Satz (nach Johann Hermann Schein 1628); kleine Terz höher; Taktvorschrift ¢; Z. 2 am Ende Halbepause * EM: vierstimmiger Satz (nach Johann Hermann Schein 1628); Ganzton höher **Verbindung MT** in den Qn wie EG * *Mir nach, spricht Christus, unser Held* (EG 385, EKG 256, GL2 461, RG 812, EM 312) * *So jemand spricht: Ich liebe Gott* (EG 412, EKG 443, RG 798, EM 560) * *Auf, Christenmensch, auf, auf zum Streit* (EKG 253)

Literatur

HEKG (Nr. 321) I/2, 477; III/2, 360–363; Sb, 503f; HEG II, 272f ** ThustB, 431f ** DKL III (1993–2010)/4 Textbd., 385 (zu H99), 388f (zu H110); RößlerL (^{2}2001)

[1] In der Literatur ist sonst fast immer 1628 als Entstehungsjahr angegeben. Dabei handelt es sich freilich um das Datum des (verschollenen) Erstdrucks (vgl. „Quelle"). Aus dem in Kurzform überlieferten Titel des Erstdrucks gehen nur Tag und Monat des Todes hervor, nicht das Jahr. Der Todestag liegt kurz vor dem Jahresende; die Drucklegung hätte dann binnen weniger Tage erfolgen müssen. Das spricht eher für das von Reckziegel ermittelte (wenn auch bei ihm nicht belegte) Datum.

119 * Reckziegel, Walter: Das Cantional von Johan Herman Schein. Seine geschichtlichen Grundlagen, Berlin **1963**, bes. 201 * Sauer-Geppert **1984**, 55.84 * Kadelbach, Ada: Das Akrostichon im Kirchenlied. Typologie und Deutungsansätze, JLH 36 (**1996/97**) 175–207 (bes. 185f) * Scheffbuch, Beate und Winrich: Dennoch fröhlich singen. So entstanden bekannte Lieder (Bd. 2), Holzgerlingen **²2001**, 217–232 (bes. 218) * Wissemann-Garbe, Daniela: Melodien des frühen 17. Jahrhunderts und ihr Weiterleben in den Gesangbüchern von heute, in: Wolfgang Hirschmann/ Hans-Otto Korth (Hg.), Das deutsche Kirchenlied. Bilanz und Perspektiven einer Edition. Bericht über die internationale Tagung in Mainz, November 2008, Kassel **2010**, 186–202 (bes. 200f) * Lorbeer, Lukas: Die Sterbe- und Ewigkeitslieder in deutschen lutherischen Gesangbüchern des 17. Jahrhunderts, Göttingen **2012**, bes. 107

Der Leipziger Thomaskantor Johann Hermann Schein (1586–1630) verdankt seine Bekanntheit vor allem seiner geistlichen Chormusik und wird oft in der Komponisten-Trias „Schütz, Schein, Scheidt" genannt. Er hat aber auch Texte gedichtet – so zu dem Lied *Mach's mit mir, Gott, nach deiner Güt*: Text, Melodie und Satz stammen von Schein. Insgesamt hat Schein Texte zu 38 Begräbnisliedern verfasst.[2] Sie sind im „Cantional" enthalten, Scheins Chorgesangbuch, das 1627 in Leipzig erschien. Scheins Nachfolger Tobias Michael hat es in einer ergänzten Neuausgabe 1645 herausgebracht, in der auch das Lied *Mach's mit mir, Gott* mit seinem fünfstimmigen Satz enthalten war (Nr. 303).

Die Begräbnislieder, die im Cantional gesammelt sind, sind Gelegenheitswerke. Acht Lieder hat Schein für eigene Familienangehörige geschrieben: Seine erste Frau Sidonia, fünf Töchter und zwei Söhne musste er begraben; er hat ihnen je ein kleines Werk gewidmet. In manchen der Texte wagt sich Schein weit über die von der Zeit geforderte Mäßigung der Totenklage hinaus, indem er Gottes Heilszusagen mit den leidvollen Verlusterfahrungen konfrontiert.[3]

Einen ruhigeren, getrosten Charakter hat der Text des Liedes *Mach's mit mir, Gott, nach deiner Güt.* Gewidmet ist es Margarita Werner, der am 12. Dezember 1626[4] verstorbenen Ehefrau von Caspar Werner, einem Leipziger Baumeister, Ratsherrn, Kirchen- und Schulvorsteher. 1628 erschien das „Trost=Liedlein" in einem ersten Druck.

Der Name der Verstorbenen ist als Akrostichon dem Liedtext eingeschrieben: In Str. 1–4 ergeben die Anfangsbuchstaben jeweils der 1. und 3. Zeile den Vornamen MARGARITA, Str. 5 beginnt mit W, der Initiale des Nachnamens. Die Verwendung von Akrosticha ist typisch für die Begräbnislieder Scheins, findet sich aber auch in Sterbeliedern früherer Autoren.[5] Durch das Akrostichon ist der Text erkennbar auf die Person des ursprünglichen Kasus bezogen; die Verstorbene wird „zur *persona*, dem unverwechselbaren Du Gottes"[6], zu seinem

[2] Nachweise vgl. Reckziegel 1963, 198–202; vgl. auch Lorbeer 2012, 106f.

[3] Vgl. Lorbeer, 441–447.

[4] Zu den Datierungsproblemen vgl. Anm. 1.

[5] Ein weiteres Beispiel im EG ist das Namensakrostichon des Autors Valerius Herberger in dem Lied *Valet will ich dir geben* (EG 523).

unmittelbaren Gegenüber, der Liedtext ihr als Gottesanrede, als Gebet, in den Mund gelegt. Die Verstorbene kommt selbst zu Wort: Das entspricht einer literarischen Konvention, deren sich Schein wie viele seiner Zeitgenossen öfter bedient hat;[7] die Rede „in persona defuncti" steht freilich auch in einer alten Tradition christlicher Begräbnisliturgie.[8]

Die erste Strophe hat den Charakter der Anrufung: Sie enthält vier auf das eigene Ende bezogene, an Gott gerichtete Bitten. Sie nehmen den Tod als Abschied der Seele (vom *Leib*: Str. 3,1; von der *Welt*: Str. 5,6) in den Blick: *Wenn sich mein Seel will scheiden* (Str. 1,4).

Der erste Imperativ stellt das gesamte Geschehen unter die Obhut von Gottes *Güt*. Das erinnert an jene Liedanfänge, die wie das Gebet Jesu in Gethsemane (Mt 26,39) die Ergebung in Gottes Willen zum Ausdruck bringen: *Was mein Gott will, gescheh allzeit* (EG 364); *Herr, wie du willst, so schick's mit mir* (EG 367). Mit *Güt* wird Gottes Wille aber inhaltlich qualifiziert. Da er als gut erkannt worden ist, ist die vertrauensvolle Ergebung in ihn, Voraussetzung für gutes Sterben, bereits vollzogen. Das Sterben selbst erscheint als Akt der Hilfe Gottes: *hilf mir in meinem Leiden*.

Nach dem Vorbild Jesu (vgl. Lk 23,46; Ps 31,6) wird die scheidende Seele Gott anbefohlen (1,4f); dieser Akt der „commendatio animae" gehört zum üblichen Bestand zeitgenössischer Sterbegebete (vgl. EG 522,1,5f).[9] Der sentenzhafte Abschluss *Ist alles gut, wenn gut das End* (1,6) nimmt das getroste Vertrauen in Gottes *Güt* wieder auf. Die inclusio von Str. 1,1.6 erinnert schon an den Kehrvers des Sterbeliedes *Wer weiß, wie nahe mir mein Ende* (1686): *mach's nur mit meinem Ende gut* (EG 530,1,6).

Nach den Bitten der ersten Strophe rückt in der zweiten die Todesstunde in unmittelbare Nähe: *Gern will ich folgen, liebster Herr* (2,1). Das Sterben wird zu einer ‚Nachfolge' wie die der Jünger, die ihr Umfeld verlassen (Lk 5,11): Auch das Ich muss *verlassen meine liebsten Freund,/ die's mit mir herzlich gut gemeint* (2,5f). Da Jesus mit seinem Sterben vorangegangen ist, kann die Seele hoffen: *Du lässt mich nicht verderben* (2,2).

In zeitgenössischer Vorstellung ist der Tod die Trennung von Leib und Seele. Auf diesen Moment blickt die dritte Strophe bereits zurück. Der Ort des Leibes ist nun – bis zum Tag der Auferstehung – die Erde, der Ort der Seele bei Gott (vgl. EG 397,3). Während die Trauernden den toten Leib zur Ruhe bringen, befindet sich die Seele in schwungvoller Aufwärtsbewegung zu Gott (antithetisch: Str. 3,1f). Das Bild von Gottes Hand (vgl. Str. 1,5; Lk 23,46) wird dabei weitergeführt: *In deiner Hand sie unversehrt / durch Tod ins Leben dringet* (3,3f). Hier klingt der Abschluss von Luthers Lied *Komm, Heiliger Geist, Herre Gott*

[6] Kadelbach 1996/97, 185.

[7] Vgl. Lorbeer, 416–421.

[8] Ansgar Franz verweist etwa auf den Ordo Romanus 49 und die darin enthaltenen Psalmgebete in persona defuncti; vgl. Ansgar Franz, Begräbnisliturgie oder Trauerfeier?, in: Liturgie und Bestattungskultur, hg. von Ansgar Franz, Andreas Poschmann und Hans-Gerd Wirtz, Trier 2006, 20.

[9] Vgl. Lorbeer, 331–334.

an: *dass wir hier ritterlich ringen,/ durch Tod und Leben zu dir dringen* (EG 125,3,7f). Bei Schein ist das ‚Ringen' freilich bereits überwunden; wovon die Seele befreit ist, zählt er in einem Leidenskatalog auf (3,6).

Die vierte Strophe wirft einen getrösteten Blick zurück auf das Heilsgeschehen. Bei der Aufzählung *Tod, Teufel, Höll, die Welt, die Sünd* (4,1) handelt es sich nicht mehr um Explikationen des Leidens, sondern um die Mächte, die der Seele, gerade im Sterben, zur Anfechtung werden können; Luther hat sie in seinem Lied *Mitten wir im Leben sind* (EG 518) schrittweise expliziert: Tod, Hölle, Sünde. Für Margarita Werner freilich gilt: All diese Mächte *mir können nicht mehr schaden* (4,2). Zum einen: Die Anfechtung der Todesstunde liegt hinter ihr. Zum anderen: *Dein ein'ger Sohn aus Lieb und Huld / für mich bezahlt hat alle Schuld* (4,5f).

Die fünfte Strophe zieht aus dem Rückblick auf das Heilsgeschehen die Konsequenz (5,1f). Die christologisch begründete Zurückweisung der Trauer (vgl. 1. Thess 4,13), ein typisches Element der Begräbnislieder, wird hier in die Form einer rhetorischen Frage gekleidet. Implizit ist auch die Trauer der Angehörigen im Blick. Die Aneignung der durch Christus erworbenen Freiheit von der Sünde drückt Schein durch das Bild des Brautkleides aus (vgl. Jes 61,10). Die Seele von Margarita Werner wird zum Exempel für die christliche Seele überhaupt, die als Braut Christi zum Himmel eingeht. Mit dem endgültigen Abschied von der Welt und der Hinwendung zum himmlischen Leben schließt die Strophe ab.

Schritt für Schritt geht das Lied *Mach's mit mir, Gott, nach deiner Güt* den Weg der Sterbenden mit: von der Sterbebereitung über den Abschied von den Freunden, die Trennung vom Leib, die Bewegung zu Gott bis hin zum Leben bei ihm. Hinter allem steht die Vergewisserung im Christusglauben: Der ganze Text ist von der Gewissheit getragen, dass Gott die Seele durch den Tod hindurch *unversehrt* (3,3), unbeschadet (4,2), unverdorben (2,2) und beständig (5,2) zu bewahren vermag. In die Form einer Selbstaussage der Verstorbenen gebracht, dient das zum Trost der Lebenden.

Scheins Melodie[10] steht im EG in C-Dur, im Cantional in F-Dur. Der Rhythmus besitzt einen lebendigen, fast tänzerischen Charakter: 3/2- und 2/2-Rhythmus wechseln sich ab,[11] wobei der 3/2-Rhythmus in zwei Drei-Viertel- (Takt 1) oder in drei Zwei-Viertel-Gruppen (Takt 2) gegliedert sein kann. Das Regelmaß des Textes wird durch die rhythmische Abwechslung der Melodie durchbrochen: Die erste/dritte und fünfte Melodiezeile mit dem Halbe-Note-Auftakt und dem Wechsel von Dreier- und Zweiergruppen sind rhythmisch identisch. Die kurze zweite/vierte Melodiezeile variiert sowohl den Wert des Auftakts (nur eine Viertel) als auch das 3/2-Schema (nur 2/2), beschleunigt durch die Viertel-Reihung auch das Tempo. Den Schluss der letzten Zeile retardiert Schein durch die beiden Längen im vorletzten Takt und unterstreicht damit den Schluss *ist alles gut, wenn gut das End.*

[10] Zu möglichen Vorbildern vgl. oben die hymnologischen Nachweise.
[11] Vgl. Blankenburg, HEKG II/2, 99.

Der Melodieverlauf umfasst genau eine Oktave und ist in der ersten Hälfte durch zwei auf- und wieder absteigende Melodiebögen, in der zweiten Hälfte durch eine Reihung von absteigenden Linien gekennzeichnet. Markant ist in der ersten Zeile der Einstieg mit dem aufsteigenden Dur-Dreiklang, gefolgt von einem Abstieg, aber nur um eine Quarte, also nicht bis zum Grundton. Die zweite Zeile führt von der Quinte bis zur Oktave hinauf und wieder zurück; die Aufwärtsbewegungen korrespondieren mit den an Gott gerichteten Bitten der ersten Strophe. In ihnen wird eine Spannung aufgebaut, die sich mit den Abwärtsbewegungen der zweiten Hälfte schrittweise auflöst, freilich aufgehalten durch die zwei aufsteigenden Intervallstufen in der letzten Zeile. Die fünfte Zeile bietet eine fast vollständig absteigende Tonleiter, hält aber wie die erste auf der zweiten Stufe inne; erst die letzte Note der letzten Zeile kehrt schließlich zum Grundton zurück - auch dies eine Umsetzung des Verses *ist alles gut, wenn gut das End.* Freudig und getrost im Ausdruck, von innerer Bewegung bestimmt und doch im umfassenden Raum der Oktave geborgen: Die Charakteristika der Melodie unterstützen in ihrer Wirkung die Aussage von Scheins Text.

LUKAS LORBEER

535 Gloria sei dir gesungen

EM 669

Text und Melodie

s. Wachet auf, ruft uns die Stimme (EG 147, Str. 3 - Heft 4)

Satz

Verfasser Johann Sebastian Bach **Entstehung** Schlusschoral der Kantate zum 27. Sonntag nach Trinitatis (25.11.) 1731, BWV 140 **Quelle** Originalstimmen im Leipziger Bach-Archiv, http://www.bach-digital.de/receive/BachDigitalSource_source_00003263 **Besetzung** Horn, Oboe 1, Violine 1, Violino piccolo in ottava mit Sopran; Oboe 2, Violine 2 mit Alt; Taille, Viola mit Tenor; Fagott, Continuo mit Bass (Schlusston eine Oktave tiefer) **Ausgaben** Johann Sebastian Bach, Kantaten zum 24. bis 27. Sonntag nach Trinitatis, hg. v. Alfred Dürr, Kassel u. a. 1968 (= NBA I, 27), 190f **Abweichungen** Q: mit Generalbaß; Halbton höher; Fermaten auf den Schlußtönen der Melodiezeilen, auch im Binnenreim Zeile 10 (*wir/dir,* original: *froh/io*) * EM: Ganzton tiefer **Verbindung MT** wie EG

Literaturergänzungen zu EG 147

PETZOLDT, Martin: Wachet auf, ruft uns die Stimme, BWV 140, in: ders., Bach-Kommentar Bd. I Die geistlichen Kantaten des 1. bis 27. Trinitatis-Sonntages, Stuttgart/Kassel **2004**, 703–717; KENNEL, Gunter: Musik und der kommende Herr. Eschatologische Aspekte in der Musik an Beispielen Bachs, Mozarts, Messiaens und anderer, in: Britta Martini/ Stefan Nusser (Hg.), Musik, Kirchenmusik, Theologie. FS Christoph Krummacher zum 65. Geburtstag, München **2014**, 111–132

Zu beiden Philipp Nicolai-Liedern im EG (70, 147) ist auch ein vierstimmiger Choralsatz von J.S. Bach abgedruckt. Hier steht die Schlussstrophe von Lied 147 vom Lied separiert in der prominenten Position des Stammteil-Schlusses mit dem Schlusschoral aus der Kantate BWV 140. Dieser Choralsatz führt in der kirchenmusikalischen Praxis tatsächlich ein Eigenleben, in zahlreichen Chormusik- wie Bläserheften ist er abgedruckt und stets nur mit dieser Strophe verbunden. Viele Choristen singen ihn auswendig. Er ist für sie „das Gloria". In der Bläserarbeit genießt er sozusagen Kultstatus, wenn etwa alle zwei Jahre beim Ulmer Landesposaunentag an die 10.000 Bläser die „Schlusskundgebung" auf dem Münsterplatz damit krönen.

Bei Bach beschließt dieser Satz die siebensätzige Kantate zu Nicolais Lied. Sie enthält zusätzlich zu den drei im originalen Wortlaut vertonten Liedstrophen zwei Rezitativ-/Arie-Paare über frei gedichtete Texte, die in der Sprach- und Bildwelt der Jesusmystik zunächst die Sehnsucht, dann die Erfüllung der Vereinigung der Seele mit dem Bräutigam Jesus entfalten. In der Arie (Duett) vor dem Schlusschoral überbieten Bass (als Stimme Christi) und Sopran (als Stimme der Seele) sich gegenseitig im Schwärmen von den gemeinsamen himmlischen Freuden, „da Freude die Fülle, da Wonne wird sein". Der Choralsatz realisiert im präsentischen *wir stehn im Chore* (orig. *sind wir Konsorten*) antizipierend die himmlische Seinsweise. Im Medium des *Gloria*-Singens agieren irdische Sänger engelsgleich und erleben darin vollkommene *Freude.*

Als „Bachchoral" zeigt der Satz einige signifikante Besonderheiten: Er steht de facto im Allabreve-Takt, Kennzeichen für den „stile antico" der alten Kirchenmusik. Das himmlische Gotteslob ist sozusagen praeexistent, darin uralt wie über alle Zeiten erhaben. Bach hat in den von ihm selbst ausgeschriebenen Instrumentalstimmen (Vl. piccolo, Horn, Viola) keine durchgezogenen Taktstriche als Zeitgliederung gesetzt, lediglich kurze „Mensurstriche". Nur die Liedzeilen hat er deutlich abgegrenzt. An den Zeilenenden schreibt er ganze Noten mit Fermaten, dann nach dem „Taktstrich" völlig unüblich jeweils eine Halbepause, welche dem Nachklingen Raum gibt. Die Musik ist so dem Diktat des Zeittaktes und steten Fortschreitenmüssens enthoben.

Harmonisch ist ungewöhnliche Klarheit zu konstatieren: Die Akkorde von Tonika, Dominante (mit Doppeldominante) und Subdominante sind im Stollen völlig bestimmend, lediglich mit fließenden Durchgangsnoten angereichert. Im Abgesang kommt die sechste Stufe in Moll dazu, als Trugschluss im Wortsinn sinnreich platziert zu *kein Aug hat je gespürt.* Aber schon bei *je gehört*, wo derselbe Trugschluss zu erwarten wäre, wird wieder in die Tonika kadenziert, die bei der folgenden Kurzzeile *solche Freude* nochmals bekräftigt wird. So ist die Tonika Inbegriff von *Gloria.* Das wird schon am Anfang deutlich darin, dass zum Wort *Gloria* in allen Stimmen nur die Töne des Tonika-Dreiklangs erklingen. Bei Bach ist dies Es-Dur, offensichtlich die Symboltonart für das (E)S–D–G schlechthin: „Soli **D**eo **G**loria". Das zeigt neben dieser Kantate, wo alle drei Liedstrophen in Es-Dur stehen, die Rahmung von Clavierübung III mit Es-Dur-Sätzen (neben Praeludium und Fuge BWV 552 auch die drei großen Kyrie-Bearbeitungen BWV 669–671), wobei in der Schlussfuge je länger je mehr die Themeneinsätze mit den Tönen (E)S-D-G beginnen. Dieser Choralsatz ist so gesehen tatsächlich „das Gloria schlechthin". Das Wort *Gloria* mit der elementaren, auch trinitarisch zu deutenden Dreiklangs-Tonfolge Grundton/ Terz/ Quinte im Sopran separiert Bach denn auch gezielt, indem er die Weiterführung *sei dir* rhythmisch nachklappen lässt.

Die exponierteste Stimme in diesem Choralsatz ist aber nicht der Sopran mit der Melodie, sondern der Bass. Namentlich Basssänger lieben diesen Choral, sehen in ihm nicht nur „das Gloria", sondern den Bachchoral schlechthin. Im erhabenen Halbeduktus ist die Bassstimme mit ihren zahlreichen Durchgangs-Vierteln die bewegteste. In der ersten Zeile folgt der Bass nach dem als Orgelpunkt gedehnten Eingangston in Vierteln kanonähnlich dem Sopran. In der zweiten Zeile führt ein Oktavsprung in baritonale Höhen zu *Engelszungen* und lässt die Bässe ihre Erdverhaftung preisgeben. Eine besondere Herausforderung in derselben Lage ist gegen Ende *des jauchzen wir* (orig. *des sind wir froh*). Vom hohen Grundton ist über einen Tritonus-Sprung die obere Trugschluss-Sexte anzusteuern. In der originalen Notierung mit den Tönen a-h-c (jetzt gis-ais-h) kann man zusammen mit der Anfangsnote b (jetzt h) im Sopran eine BACH-Signatur erkennen. Der Moll-Zielklang und der kühne Absprung des Basses auf die tiefe Sexte bei *und singen dir* ist vom o-Klang des Originaltextes her lautmalerisch plausibel: *des sind wir froh, i-o, i-o.*

Diese Bassstimme umfasst wie die Continuostimme 119 Töne. Die Arie zuvor in der Kantate kam auf 119 Takte. Auch ein anderer Bachchoral mit solch bewegter Bassstimme hat 119 Basstöne: „... Du, du bist meine Lust. Was frag ich nach der Welt?“ (BWV 64,4). 119 ist Multiplikat der beiden heiligen Zahlen 7 und 17 und die Nummer des längsten Psalms der Bibel, von Luther „Das güldene ABC“ genannt, von Heinrich Schütz als „Schwanengesang“ komplett vertont. Continuo- und Bassstimme als Repräsentanten der Erdverhaftung lösen sich mit diesen 7x17 fließenden und bisweilen baritonalen Tönen von der Erdenschwere und machen so den ganzen Satz zum Symbol engelsgleichen *Gloria*-Jubels. In Bachs Kantate ist zudem nicht unerheblich, dass mit einer oktavierend über dem Sopran agierenden, silbrigen Piccolo-Violine der Choral klanglich in himmlische Sphären gerückt wird. Bei Orgelbegleitung dient dem am ehesten wohl ein Mixturenklang. Die jetzige Tonart D-Dur entspricht in Normalstimmung genau der Tonhöhe Bachs (Stimmton 415 Hz).

Nicht erst Kirchen- und Posaunenchöre der neueren Zeit haben dieses *Gloria* als essentiell entdeckt. Schon Bachs Sohn Johann Christoph Friedrich (1732–1795), der am Bückeburger Hof wirkte, hat in seine ebenfalls in Es-Dur stehende Motette über das Nicolai-Lied diesen Choralsatz seines Vaters wörtlich integriert. Die dritte Strophe wird eröffnet mit einer freien, feierlichen Introduktion *Gloria sei dir gesungen*, die in einen musikalischen Doppelpunkt mündet: Fermate auf der Dominante. Dann folgt sozusagen als Vollzug des Appells der Choralsatz von Bach-Vater (in normaler 4/4-Takt-Notation und ohne die Zeilenpausen). Es schließt sich eine Fuge im Allegro an zur letzten Liedzeile ohne Melodiebindung, beifallsähnlich den alten Choral bestätigend: *des sind wir froh ...*

KONRAD KLEK

Verzeichnis der bereits erschienenen Liedkommentare

EG	Heft	Seite	EG	Heft	Seite	EG	Heft	Seite	EG	Heft	Seite	EG	Heft	Seite
1	[1]	52	53	[12]	35	105	[4]	58	157	[14]	17	185.3	[6/7]	83
2	[5]	3	54	[12]	39	106	[3]	61	158	[20]	9	185.4	[6/7]	84
3	[5]	5	55	[5]	44	107	[3]	66	159	[20]	13	185.5	[6/7]	86
4	[12]	3	56	[1]	72	108	[10]	65	160	[19]	15	186	[6/7]	90
5	[13]	3	57	[1]	77	109	[4]	63	161	[14]	21	187	[6/7]	92
6	[4]	3	58	[2]	40	110	[2]	71	162	[17]	3	188	[6/7]	94
7	[2]	3	59	[11]	22	111	[2]	75	163	[15]	3	189	[6/7]	97
8	[5]	10	60	[12]	43	112	[2]	79	164	[17]	7	190.1	[6/7]	100
9	[13]	10	61	[4]	31	113	[13]	41	166	[14]	25	190.2	[6/7]	102
10	[12]	12	62	[2]	44	114	[11]	59	168	[17]	9	190.3	[6/7]	103
11	[2]	7	63	[10]	28	115	[2]	85	169	[16]	3	190.4	[6/7]	105
12	[3]	3	64	[1]	81	116	[3]	68	170	[18]	9	191	[6/7]	107
13	[5]	17	65	[4]	36	117	[1]	92	171	[22]	3	192	[6/7]	116
14	[5]	22	66	[3]	25	118	[1]	95	172	[14]	31	193	[21]	3
15	[10]	3	67	[2]	48	119	[3]	73	173	[17]	15	195	[17]	17
16	[2]	11	68	[10]	30	120	[3]	78	175	[18]	14	196	[18]	18
17	[1]	58	69	[3]	31	121	[3]	81	176	[15]	7	200	[21]	9
18	[5]	28	70	[4]	42	122	[3]	84	177.1	[6/7]	9	201	[6/7]	121
19	[11]	3	71	[12]	47	123	[3]	90	177.2	[6/7]	9	202	[18]	22
20	[1]	62	72	[12]	52	124	[10]	69	177.3	[6/7]	9	207	[18]	30
21	[11]	8	73	[11]	26	125	[12]	63	178.1	[6/7]	13	208	[8]	16
22	[10]	9	74	[3]	36	126	[12]	70	178.2	[6/7]	14	210	[6/7]	123
23	[10]	11	75	[10]	35	127	[11]	63	178.3	[6/7]	15	211	[22]	7
24	[12]	16	76	[3]	40	128	[11]	68	178.4	[6/7]	16	213	[14]	33
25	[12]	25	77	[5]	49	129	[5]	87	178.5	[6/7]	20	215	[21]	15
26	[12]	32	78	[11]	33	130	[11]	72	178.6	[6/7]	20	216	[18]	35
27	[13]	16	79	[3]	45	131	[11]	77	178.7	[6/7]	20	219	[22]	11
28	[11]	10	80	[13]	36	132	[11]	81	178.8	[6/7]	20	220	[14]	38
29	[11]	12	81	[11]	37	133	[5]	91	178.9	[6/7]	22	221	[17]	23
30	[2]	17	82	[5]	54	134	[11]	83	178.10	[6/7]	23	222	[16]	8
31	[2]	26	83	[5]	60	135	[2]	89	178.11	[6/7]	24	224	[22]	17
32	[1]	65	84	[4]	53	136	[4]	68	178.12	[6/7]	25	226	[6/7]	126
33	[4]	9	85	[10]	40	137	[4]	71	178.13	[6/7]	26	228	[17]	27
34	[13]	23	86	[11]	44	138	[10]	76	178.14	[6/7]	28	230	[18]	37
35	[5]	31	87	[5]	71	139	[10]	80	179	[6/7]	32	231	[20]	18
36	[10]	23	88	[11]	48	140	[10]	84	180.1	[6/7]	37	233	[22]	21
37	[2]	28	89	[10]	53	141	[4]	74	180.2	[6/7]	40	235	[17]	30
38	[3]	7	90	[3]	49	142	[12]	77	180.3	[6/7]	42	236	[14]	44
39	[4]	14	91	[1]	85	143	[12]	80	180.4	[6/7]	45	237	[15]	9
40	[4]	17	92	[5]	75	144	[11]	88	181.1	[6/7]	48	238	[20]	23
41	[4]	21	93	[3]	52	145	[4]	78	181.2	[6/7]	48	239	[8]	20
42	[3]	12	94	[11]	53	146	[2]	94	181.3	[6/7]	48	240	[6/7]	131
43	[3]	17	95	[2]	55	147	[4]	83	181.4	[6/7]	50	241	[19]	18
44	[4]	26	96	[1]	89	148	[12]	85	181.5	[6/7]	51	242	[15]	14
45	[11]	17	97	[2]	59	149	[11]	92	181.6	[6/7]	55	244	[19]	25
46	[13]	28	98	[2]	62	150	[13]	45	181.7	[6/7]	56	246	[22]	27
47	[1]	69	99	[10]	55	151	[10]	91	181.8	[6/7]	58	248	[21]	23
48	[2]	34	100	[10]	61	152	[12]	93	182	[6/7]	59	249	[19]	34
49	[5]	36	101	[12]	56	153	[4]	89	183	[6/7]	63	253	[14]	49
50	[3]	21	102	[3]	56	154	[13]	55	184	[6/7]	72	255	[21]	29
51	[2]	37	103	[5]	81	155	[20]	3	185.1	[6/7]	79	256	[21]	34
52	[5]	39	104	[2]	66	156	[18]	3	185.2	[6/7]	82	257	[21]	39

EG	Heft	Seite	EG	Heft	Seite	EG	Heft	Seite	EG	Heft	Seite	EG	Heft	Seite
258	[21]	44	307	[13]	86	377	[22]	71	432	[16]	65	498	[9]	29
259	[21]	47	314	[21]	63	378	[20]	64	433	[15]	79	499	[16]	82
261	[17]	34	318	[14]	67	379	[8]	26	434	[15]	81	500	[22]	81
262/263	[21]	51	319	[13]	89	380	[8]	32	437	[8]	61	501	[22]	84
266	[9]	3	320	[16]	27	381	[14]	89	440	[18]	76	502	[20]	83
267	[17]	37	321	[16]	35	382	[18]	58	443	[16]	69	503	[9]	34
269	[15]	21	322	[18]	50	383	[15]	42	447	[15]	84	504	[21]	89
270	[13]	60	323	[21]	66	385	[16]	52	450	[8]	42	506	[9]	40
271	[22]	34	326	[17]	49	393	[19]	62	451	[9]	9	508	[9]	43
272	[19]	39	327	[14]	71	394	[15]	46	452	[8]	49	509	[9]	48
273	[13]	63	331	[22]	42	395	[14]	93	453	[8]	55	511	[9]	52
274	[13]	69	338	[22]	54	396	[16]	59	455	[18]	81	512	[18]	87
279	[14]	54	341	[19]	44	398	[15]	48	456	[18]	85	513	[16]	89
281	[18]	40	344	[19]	54	400	[15]	55	457	[8]	61	516	[9]	57
282	[18]	45	345	[21]	70	402	[22]	76	467	[19]	85	517	[9]	63
285	[20]	27	346	[17]	56	406	[15]	63	469	[9]	14	518	[9]	69
286	[21]	60	348	[20]	56	407	[19]	71	471	[9]	18	519	[19]	91
288	[16]	14	351	[14]	77	408	[19]	80	473	[16]	77	520	[9]	79
290	[20]	32	355	[14]	86	412	[17]	76	480	[21]	80	521	[9]	85
292	[13]	76	357	[15]	31	413	[20]	69	482	[8]	68	525	[22]	87
294	[16]	19	359	[22]	57	414	[18]	67	483	[9]	21	528	[17]	86
295	[17]	41	362	[17]	63	418	[15]	67	484	[8]	74	529	[18]	91
297	[13]	80	366	[15]	36	419	[15]	71	486	[8]	80	531	[20]	91
299	[15]	24	369	[22]	63	421	[20]	77	489	[15]	91	532	[8]	86
301	[20]	41	370	[21]	74	425	[18]	71	490	[9]	23	533	[9]	92
302	[20]	49	372	[16]	44	428	[17]	79	491	[9]	26	534	[8]	92
305/306	[14]	61	376	[20]	59	431	[15]	75	492	[20]	81	535	[22]	92